JN041452

改訂版 出口式 はじめての論理国語 小1レベル

本書が「レベル」という名称を用いている理由について

言語は総じて発達における個人差が大きいので、学年ごとの輪切り形式で学習することに本来適していないのです。そこで本書は基礎からステップを踏んで上達するために、○年生用の本としてではなく、無学年制を採用しています。

出口 汪（ひろし）

水王舎

もくじ

※青い字は、保護者の方向けのページです。

はじめに

本書は「はじめての論理国語」を全面的に改訂した、まさに「出口式小学国語」の集大成であり、また同時に進化版でもあります。

「本書の特色」

●脳を育てる教材

子どもの脳は一般的に十二歳までに完成すると言われています。すると、中学生以上にはすでに完成された脳に対して教育をするということです。それに対して、小学生のそれは脳をデザインする教育といえます。そのような大切な時期に膨大な知識を詰め込もうとすると、自分で考えず、誰かの答えをただ無批判に受け入れるだけの脳になってしまいます。

ＡＩがなかった時代ならば、物知りや計算力のある人が役に立ちましたが、今や記憶しなくても検索すればおしまい、ましてや、計算は既にコンピュータの仕事となってしまいました。お子さんが将来の世の中で活躍する頃には、今とはまるで違う社会になっています。当然、その時代に必要な能力は、今とは大きく異なります。

本書では、ＡＩ時代に活躍できるための武器となる、自分で論理的に考える力を養っていきます。

●今こそ論理国語を

高校では「論理国語」という新科目が登場しました。そうした科目名が正式に決まったということは、国語とは論理の教科だということが国の方針として決定されたということです。

あまり知られていないことですが、小学校の国語も論理国語なのです。ただ、小学生には「論理」という言葉がまだなじめないので、単なる「国語」という科目名であるだけなのです。普通に考えれば、小・中学校が文学鑑賞中心の国語で、高校だけが論理国語といった一貫性のない方針を文部科学省が立てるはずもありません。本書は小学一年生レベルから、一貫して国語を論理的な科目として体系だって学習していきます。

●新傾向の入試問題対策

大学の共通テストを始め、公立高校の入試問題においても、最近は従来の読解一辺倒のものから大きく様変わりしてきました。一度、入試問題をご覧になったなら、びっくりされると思います。本書もそうした傾向を先取りして、思考力問題、資料問題、ロジカルライティング、クリティカルシンキングなど、新しい問題を豊富に取りそろえています。実は、これらはすべて論理力が前提となっているのです。小学生の頃から、こうした論理力を体系的に学び、身に付けることで、将来、入試問題が解けるだけでなく、小論文や面接においても大いに威力を発揮します。

●「森の学校」のキャラクター

学びは楽しくないと意味がありません。なぜなら、生涯にわたって学ぶことが好きな子どもを育てたいからです。そのための仕掛けとして、魔法を教える「森の学校」の生徒たちといっしょに学ぶという設定にしました。

先生は、魔法使いのリンゴ先生です。リンゴが先生だというだけで、子どもたちはわくわくするのです。リンゴ先生が魔法を使って、フクロウ、ミミズク、タヌキ、ウサギ、リスを生徒に変え、授業をします。本書を執筆するときは、いつも子どもたちの喜ぶ顔を想像して、キャラクターたちを動かしています。

●無学年制

本書は無学年制を採用しました。なぜなら、小学校低学年頃まで、言語の習得には個人差が大きいからです。本書は便宜上該当学年を表紙に明示していますが、決して学年にこだわる必要はありません。子どもがわかるところからスタートすればいいのです。たとえ下の学年からスタートしたとしても、その子にとっては簡単なので、速習でどんどん上のレベルまで進むことができます。国語が苦手なお子さんでも、一から学習していくので、必ず得意になるはずです。逆に、得意なお子さんなら、どんどん先の学年まで進んでいってください。好奇心が旺盛なこの時期こそ、新しいことをどんどん吸収していくはずです。

子どもは自分の教育を自分で選択することはできません。子どもの教育を決定するのは親の責任です。しかし、その結果を負うのは子ども自身なのです。

ぜひ、本書によって、子どもたちを新しい方向へと導いてください。

出口　汪

論理とは何か

日本語の論理は次の四つの柱から成り立っています。

・イコールの関係
・対立関係
・因果関係
・文の要点（主語・述語・目的語の関係）

日本人は無意識的にこの論理を使って、自分の言いたいことを相手に伝える習性を持っています。この無意識的な習得プロセスを、本書では意識的に習得していきます。

論理とは何か 1

イコールの関係

組み合わせの妙が主張の説得力を増す

まずは、次の文を読んでください。

野球部のエースで四番のゆうた君は、夏の水泳大会で新記録を出し、秋には運動会のリレーで五人抜きの大活躍を見せた。

ゆうた君の活躍ぶりを具体的に淡々とつづった文章ですが、締まらない印象を受けますね。では、次の文章はいかがでしょう。

ゆうた君はスポーツ万能だ。

こちらは短すぎて、どれだけすごいのかが伝わりません。では、二つを組み合わせるとどうなるでしょうか。

野球部のエースで四番のゆうた君は、夏の水泳大会で新記録を出し、秋には運動会のリレーで五人抜きの大活躍を見せた（具体）。
つまり、彼はスポーツ万能なのだ（抽象）。

明快に筆者の意図が伝わるようになりました。この文章では「具体」と「抽象」という二つの部分から構成されています。

このように私たちは、無意識のうちに「具体例」と「抽象的な主張」を組み合わせて使うことにより、より相手に対してわかりやすく伝えようとする習慣があるのです。

言い換えると、「具体」と「抽象」を使ってわかりやすく伝えようとする「論理」が日本語には内在しているのです。

この組み合わせの妙が日本語表現の特徴です。そしてこの関係は入れ替えることも可能です。

ゆうた君はスポーツ万能だ（抽象）。
たとえば、野球部ではエースで四番だし、夏の水泳大会では新記録を出した。さらに秋には運動会のリレーで五人抜きの大活躍を見せたのだ（具体）。

こちらの文章も伝わりやすいですね。

この二つの文を図に表すと、次のようになります。

・野球部のエースで四番
・水泳大会で新記録
・運動会のリレーで五人抜きの活躍
＝（つまり）
ゆうた君は**スポーツ万能**だ。

ゆうた君は**スポーツ万能**だ。
＝（たとえば）
・野球部のエースで四番
・水泳大会で新記録
・運動会のリレーで五人抜きの活躍

この「イコールの関係」を理解すると、説明文の読解で筆者の主張を読み取ったり、比喩表現や引用文による言い換えを見抜く力が飛躍的に向上します。

本書では、具体―抽象の操作の第一歩として、言葉の仲間分け（→18ページ）から学習していきます。

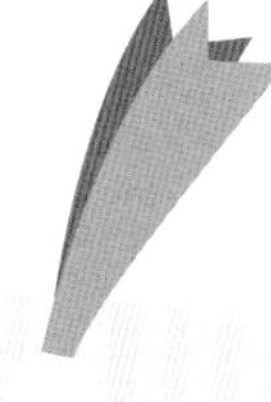

対立関係

鮮烈な対比が主張の印象を増す

次は対立関係です。

> 私のテストの点は六〇点でした。

この文を読んだだけでは、私の成績が良いのか悪いのか、よくわかりません。ただ、点数だけを記した淡々とした描写ですよね。では、似たような一文を付けてみましょう。

> 浜田君は一〇〇点満点でした。しかし、私のテストの点は六〇点でした。

たった一文が付加されただけなのに、なんだかすごくみじめな成績をとったように思えてきませんか。

これが対立関係という論理です。二つの文や段落をわざと比べる形で置き、片一方の印象を際立たせるためのテクニックを私たちは無意識的に使っているのです。

では、次の例を見てください。

> 日本人の平均寿命は八十五歳だ。

と聞いた場合と、

今も内戦が続くアフリカ・ソマリア人の平均寿命は五十歳だと聞いた。
それに対して、日本人の平均寿命は八十五歳だ。
長年の平和と豊かさが、日本を世界一の長寿大国に押し上げたのだ。

と聞いた場合を比べるとどうでしょう。多くの人は「平和な日本人はなんて長生きなんだろう」と思うのではないでしょうか。

これら二つの対立関係のカギは、「しかし」と「それに対して」。ここでも接続語が目印になるのです。図に表すと次のようになります。

浜田君は一〇〇点満点でした。
↔ しかし
私のテストの点は六〇点でした。

今も内戦が続く、アフリカ・ソマリア人の平均寿命は五十歳だと聞いた。
↔ それに対して、
日本人の平均寿命は八十五歳だ。長年の平和と豊かさが、日本を世界一の長寿大国に押し上げたのだ。

このように、比べることによって「言いたいこと」を強める「対立関係」。本書ではその第一歩として、反対のことば（↓30ページ）から対立関係を習得していきます。

因果関係
新しい時代の論理の中心

因果関係とは、次の例文のように「原因と結果」を示す関係のことです。

> （原因）昨日から歯が痛い。だから、（結果）今日は歯医者さんへ行った。
>
> （結果）今日、私は歯医者さんへ行った。なぜなら、（原因）昨日から歯が痛かったからだ。

因果関係は一見簡単そうに見えますが、実は間違いやすく、要注意の関係です。

次の例を見てください。

> アイスクリームの売り上げが伸びたときは、熱中症になる人が増えるというデータがある。だから、アイスクリームを食べると熱中症になるのだ。

「データがある」と書いてはいるものの、明らかに論理的におかしい文章ですね。

アイスクリームを食べたから熱中症になるのではなく、暑いからアイスクリームの売り上げが伸び、暑いから熱中症になる人が増えたわけです。つまり、この二つはどちらも「暑い気温」の結果であって、アイスクリームを食べることと熱中症になることは原因・結果の関係にありません。

このような原因・結果の関係を正しく読み取ったり、表現したりする力は、これからの時代に最も必要になってきます。たとえば、入試において年々比重を増す小論文や面接におけるディベート、仕事のプレゼンテーションで自分の主張をしっかり言える能力、また、メディアの報道などに対するクリティカル・シンキング――批判的な視点で自分の頭で考える能力――につながるからです。

この力を鍛えるカギは、子どもに「なぜ?」という問いかけを積極的にすることです。

欧米では、「because ~」から始まる、理由をきちんと言える人が「logical」だと称賛されます。文化背景の異なる人々が住む多民族国家では、しっかりと理由が言えないと相手に意思が通じませんから、子どものころから訓練させられるのです。

日本では対照的に、「理由は言わず、察しろ」という文化です。そして、ここに日本人の論理性の発達を妨げる大きな障害があったのです。

日本の学校教育では、「なぜ」という発問は非常に生徒にとって難易度が高いものだとされていますが、それは単純に訓練不足が理由です。その証拠に、全国の高校で教科書代わりに採用されている「論理エンジン」で大きな成果を上げている学校の先生ほど、「なぜ」の発問を多用します。

「なぜなら~だからです。」と答えるためには、「なんとなく思った」ではなく、しっかりとした理由が必要になります。そして、この力を磨かない限り、いつまでもセンス・感覚で「なんとなく」国語を解き続けることになるでしょう。

本書ではこの因果関係をクリティカル・シンキングの基礎(→120ページ)の項で扱っています。

論理とは何か 4

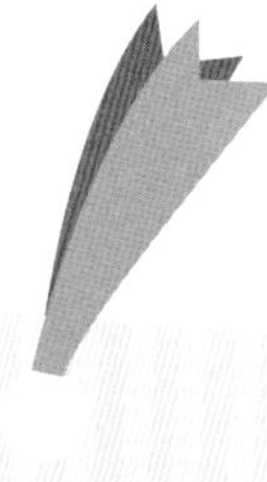

主語と述語

文の要点をとらえる

日本語の特性として、一文のポイントは必ず主語・述語に来るようにできています。私たちは無意識的にその規則性を踏襲しているのです。特に述語に最も言いたいことが来ます。私は言葉の規則性に着目し、主語・述語を「文法」としてではなく、「文の要点」を見抜くためのツールとして教えています。

例題の要点は次のようになります。

主語	述語
鳩時計が	鳴り出した。

もし、「かわいらしい音色」を強調したいなら、筆者は「ふいに鳴り出した壁の鳩時計はかわいらしい音色だっ

まずは、この問題を解いてみてください。

ふいに壁の鳩時計が、かわいらしい音色で鳴り出した。

【問】この文でいちばん言いたいことは何ですか。

みなさん、答えられましたか。ある中学校で出題したところ「かわいらしい音色」と答えた生徒が半数以上を占めました。多くの生徒が「かわいらしい」という表現に引きずられて、なんとなく解答してしまったのでしょう。

【論理】「文の要点」とは主語・述語であり、特に述語に強調したいポイントが来る。

た」と、述語として表現したはずです。

「文の要旨」を把握させる問題は、入試で非常によく出題されます。一文が集まって段落となり、その段落が集まって文章全体が構成される以上、一文レベルで間違った要点をつかむようでは、全体の要旨の把握までは決してたどり着けないでしょう。

【答え】鳩時計が鳴り出した

さて、低学年の子どもに文の要点（述語の重要性）を習得させるには、日常生活で、きちんとした一文を意識して話すことが近道になります。

「おやつ」とか「ジュース」などと、単語で欲しいものを伝えたり、「ママ、おしっこ」などの二語文で話したりしたとき、「わたしはおやつが食べたい、だよね」「ぼくはジュースを飲みたい、って言おうね」と、文の要点──主語・述語（・目的語）を、お母さんが話して、意識させるようにしてください。文の要点の把握・認識は、外国語の習得をはじめ、すべての言語能力の基礎となる重要なスキルです。

主語	目的語	述語
わたしは	おやつが	食べたい。
ぼくは	ジュースを	飲みたい。

本書では文の要点（→34ページ）で徹底的に主語・述語を見抜くトレーニングをしています。

各ステップの学習目的

明確な目標とゴールイメージを持って取り組むことで、学習効果はぐんと上がります！

● 読む力　● 書く力　● 話す力　● 思考力

どのステップでも、上の４つの力をつけることができます。この表には、とくに身につけることを目標にした力を記しています。

ステップ	目標	身につく力	学習日
1 具体と抽象	「イコールの関係」を把握して、具体的な言葉を抽象的にまとめた言葉に言い換えることができる。	● 読む力 ● 書く力 ● 話す力	月　日～　月　日
2 対立関係	「対立関係」の基礎を理解して、反対の意味の言葉を言うことができる。	● 読む力 ● 書く力 ● 話す力	月　日～　月　日
3 文の要点 ～主語・述語	言葉の意味から、あてはまる主語・述語を考え、それらに役割があることを知る。	● 読む力 ● 書く力	月　日～　月　日
4 文の構造を理解する	主語、述語、目的語の役割を理解して、文中から主語・述語・目的語を抜き出すことができる。	● 読む力 ● 書く力	月　日～　月　日
5 作文の基本	主語・述語・目的語をあてはめて、文を完成することができるようになる。	● 書く力	月　日～　月　日

6	形容詞	適切な形容詞を選択することで、名詞を修飾する形容詞の役割を認識する。	●読む力	月　日～　月　日
7	助詞	助詞が言葉と言葉をつなぐ働きをすることについて認識するとともに、単語と助詞で文節になることを意識する。	●読む力 ●書く力	月　日～　月　日
8	接続語の記号問題	文と文のとの関係を把握し、三つの関係（イコールの関係、対立関係、因果関係）を示す、＝、↔、←の記号で表すことができる。	●読む力 ●書く力 ●話す力	月　日～　月　日
9	5W1H	「いつ、どこで、だれが、なにを、なぜ、どのように」の5W1Hを意識して文章を読めるようになる。	●読む力 ●書く力	月　日～　月　日
10	心情理解	人物の動作やセリフ、オノマトペから、登場人物の心情を読み取る。	●読む力	月　日～　月　日
11	読解問題	長い文章を読むことに慣れるとともに、読解問題が解けるようになる。	●読む力 ●思考力	月　日～　月　日
12	比較問題	ものの特徴をとらえ、二つのものごとを表にまとめて比べられるようになる。	●書く力 ●話す力 ●思考力	月　日～　月　日
13	クリティカル・シンキング※の基礎	適切な理由と結果を選択肢から選ぶことができる。示された結果から複数の理由を推測できるようになる。	●思考力	月　日～　月　日

※クリティカル・シンキング…誰かの言葉を鵜呑みにせず、自らの頭で物事を深く分析して多角的に捉え、最適の解決策を導きだす生きた思考力のこと。

1-1 なかまの　ことば

Flower Shop

バラ

あじさい

じょうろ

ゆり

チューリップ

わあ、いろいろな　お花が　あるわね！

でも、この　中には　なかまに　ならない　ものが　あるね。

わたしたちは、ことばで　せかいを　せいりしています。はじめに「なかまに　なる　ことば」で　せいりしてみましょう。

バラは　なかまに
ならないよ。
ぼくは、バラは　とげが
あって　きらいなんだ。
じょうろの　ほかは、
みんな　花よ。
でも、じょうろは
花じゃないから、
なかまとは　いえないわね。
花
バラ
ゆり
あじさい
チューリップ
じょうろ

なかまの ことば

れんしゅう

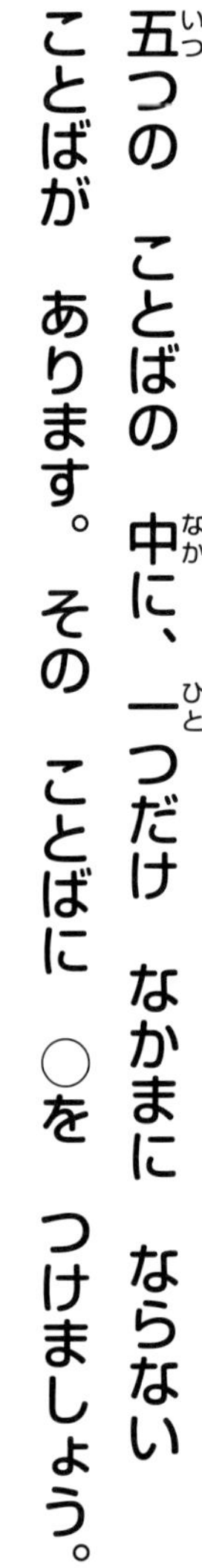

五つの ことばの 中に、一つだけ なかまに ならない ことばが あります。その ことばに ○を つけましょう。

1

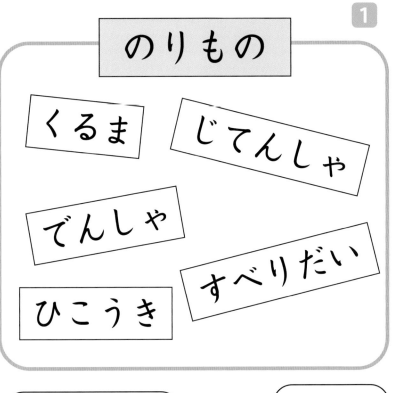

のりもの
くるま
じてんしゃ
でんしゃ
すべりだい
ひこうき
えが なくても なかまに ならない ことばが わかるの？
上に「のりもの」と かいてありますね。のりものでは ない ものが わかりますか？
でんしゃ
ひこうき
くるま
じてんしゃ
すべりだい

●おうちのかたへ●
「抽象」の概念をつかむためには、言葉の共通の性質を抜き出すことが必要になります。言葉の仲間分けは、その大切なステップです。

2

がっき

ピアノ
タンバリン
オルガン
ふでばこ
たいこ

こっちは どうするの?

上(うえ)に「がっき」と かいてあるから、がっきの なかまでは ない ものを さがすのよ。

1-2

まとめる　ことば

なかまに　なった　ことばたちを、
まとめて　あらわす　ことばを
みつけましょう！

つくえの　上に　いろいろな　ものが　のって　いるよ。

みんな
学校で
つかう
ものだね。

でも、
なかまでは
ない　ものが
ありますよ。

右の えを つぎの 文に あらわしたよ。まとめる ことばが どんな ものか わかったかな。

これは 文ぼうぐの なかまです。
なかまに ならないのは スプーンです。

スプーンは 文ぼうぐでは ないから、なかまじゃ ないのね。

わかった！
えんぴつ、ノート、けしゴム、はさみ……
まとめると、文ぼうぐだ。

「○○の なかま」は、なかまに なった ことばたちを まとめる ことばに なるんだね。

まとめる ことば

れんしゅう

つぎの 五つの うち、四つは なかまの ことばです。一つは なかまに ならない ことばです。「なんの なかま」と、なかまに ならない ことばを かきましょう。

1

キャベツ きゅうり
たまご トマト
にんじん

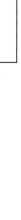

これは [　　] の なかまです。
なかまに ならないのは [　　] です。

ひとつひとつの ことばが、どんな ものか おもいだして みましょう。

2

水（すい）えい　スケート
やきゅう　かるた
サッカー

これは［　　　　］の　なかまです。

なかまに　ならないのは［　　　　］です。

水（すい）えい、スケート、
やきゅう……。
なにを　する　ことか、
まとめると　いいんだね。

1…3

ことばの　せいり

どうぶつの　カードを　ならべたよ。どんな
きまりで　ならべたか、わかるかな？

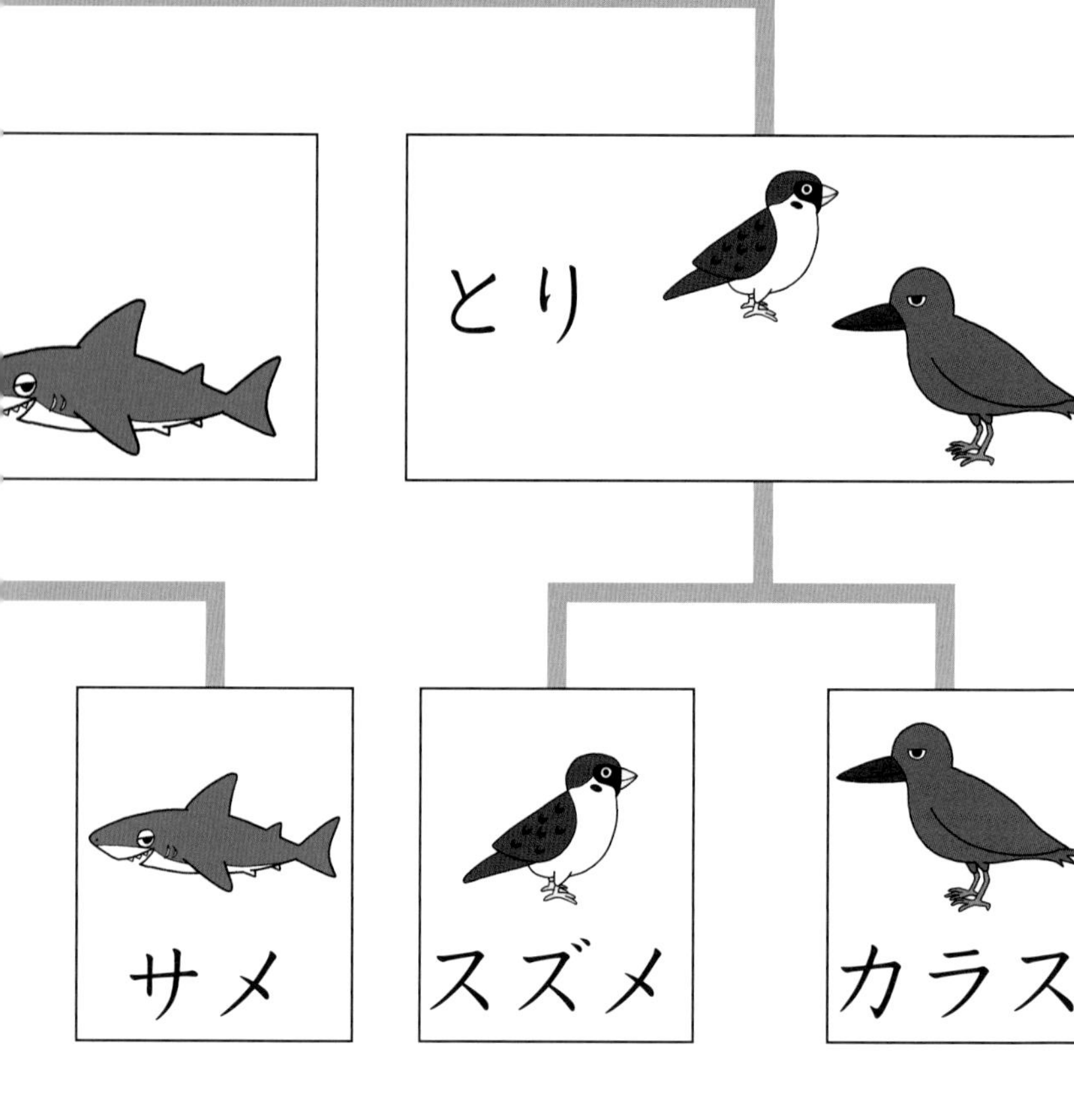
とり
サメ
スズメ
カラス
スズメも
カラスも
とりの
なかまね。

「まとめる　ことば」が　あります。
つなげると、ピラミッドみたいな　かたちに
なって、おもしろいですね。

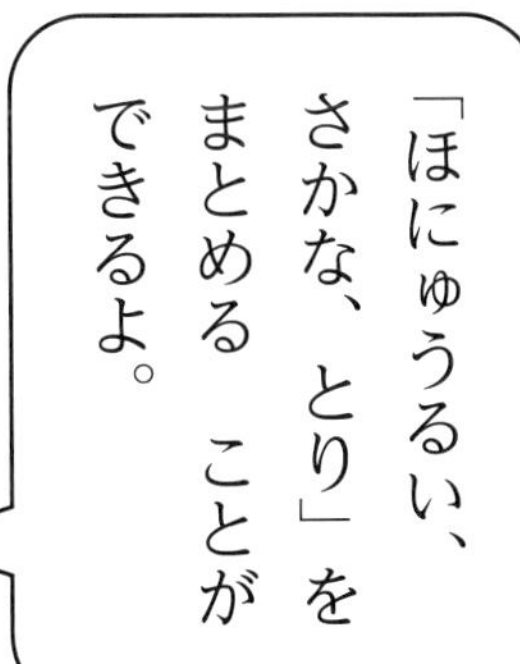
「ほにゅうるい、さかな、とり」をまとめる ことができるよ。

どうぶつ

ほにゅうるい

さかな

イヌ

ネコ

メダカ

イヌと ネコは どちらも ほにゅうるいと いいます。

メダカも サメも さかなの なかまだよ。

● おうちのかたへ ●

複数のことばから共通する性質を抜き出すこと。それが具体から抽象化するということです。具体と抽象は相対的なものです。言葉のピラミッドをつくることで具体と抽象の基礎を学びましょう。

1　1…3

ことばの　せいり

れんしゅう

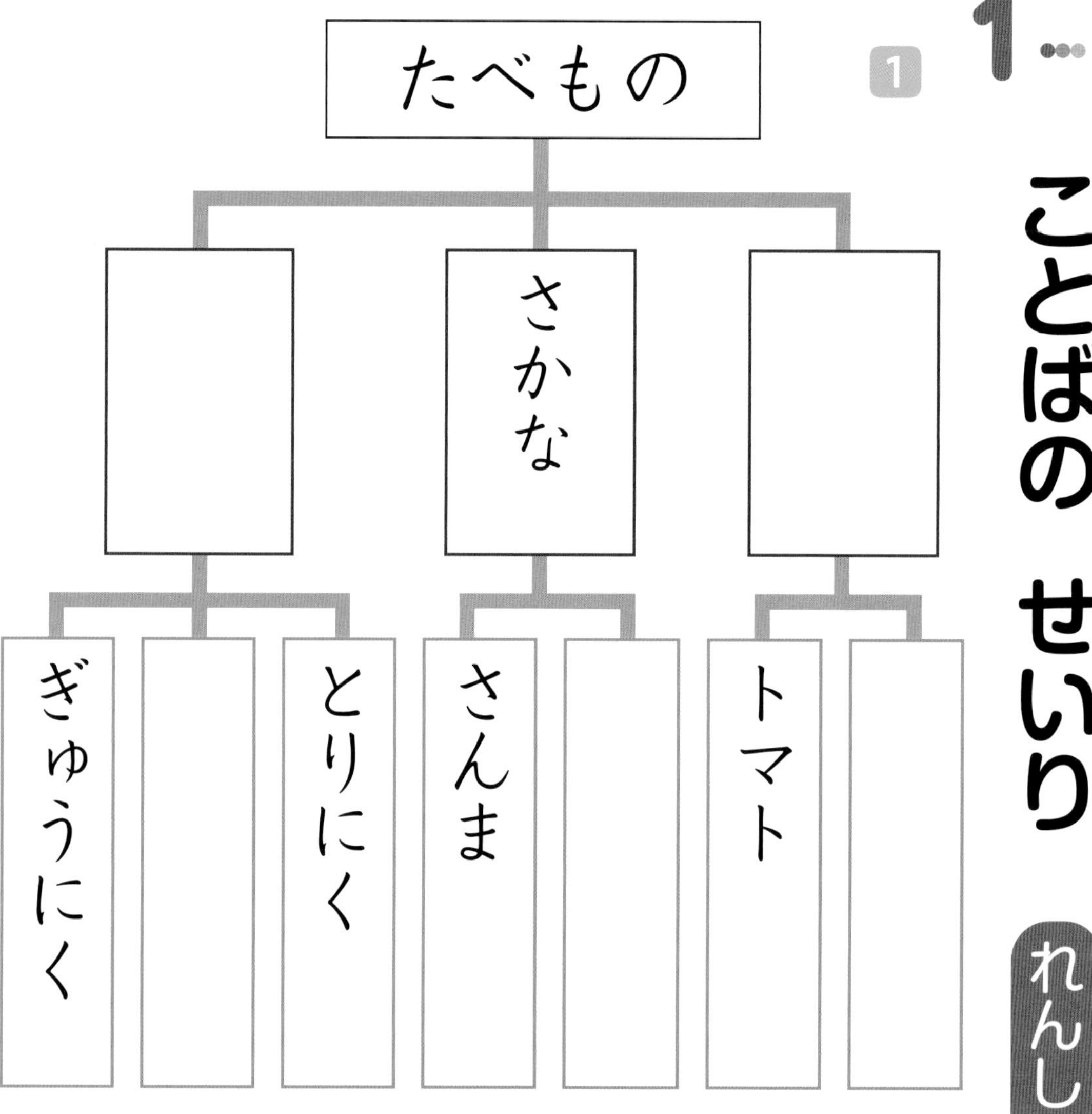

たべものの　カードを　ならべます。赤(あか)い　わくには　赤(あか)い　カードを、みどりの　わくには　みどりの　カードを　入(い)れます。あてはまる　ことばを　わくの　中(なか)に　かきましょう。

にく　　やさい

ぶたにく　　まぐろ

きゅうり

2

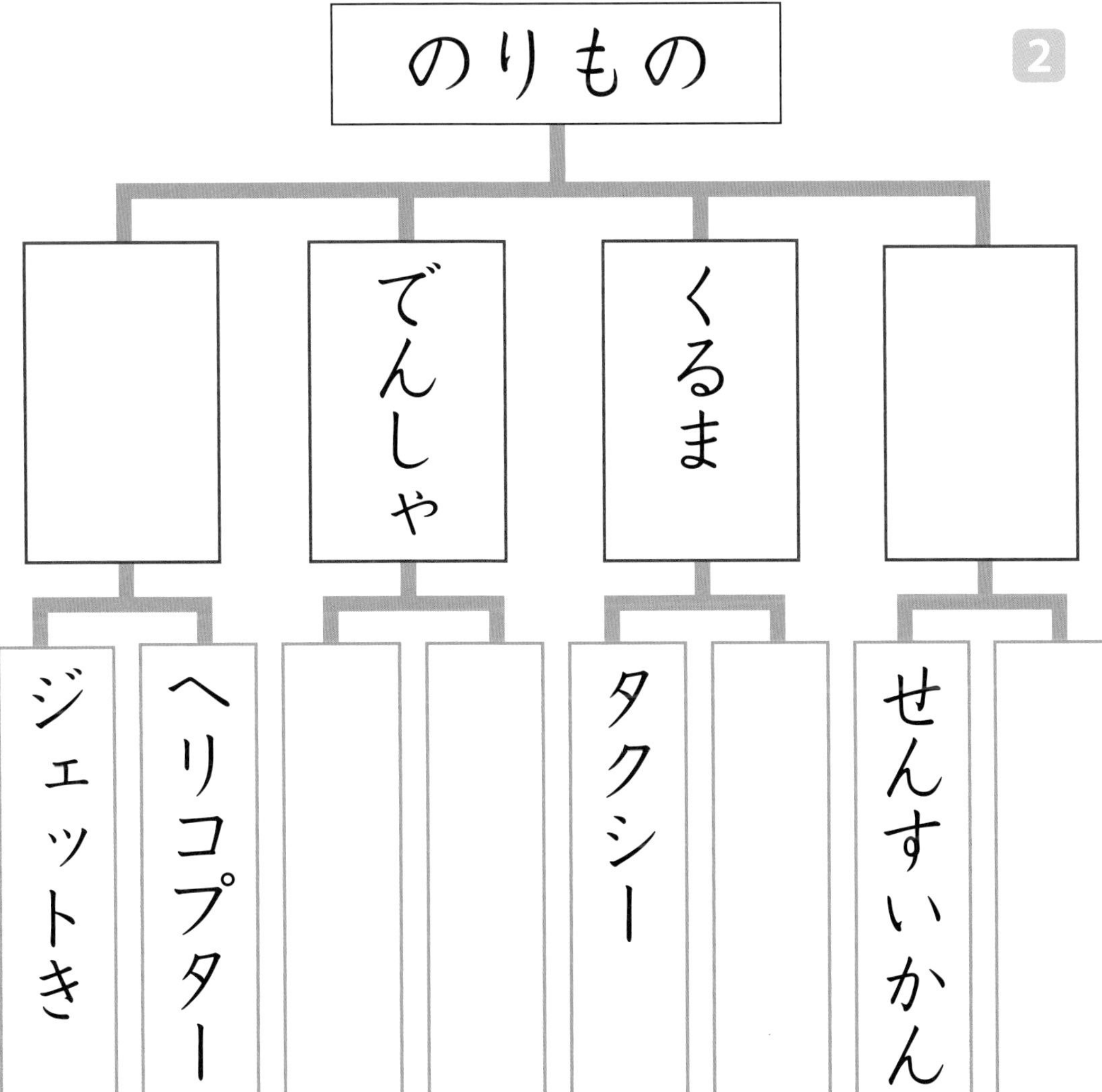

のりものの　カードを　ならべます。赤い　わくには　赤い　カードを、みどりの　わくには　みどりの　カードを　入れます。あてはまる　ことばを　わくの　中に　かきましょう。

ひこうき	ふね
しんかんせん	トラック
ボート	ちかてつ

●おうちのかたへ●

具体・抽象の言葉のピラミッドを作成する際、注意すべき点がひとつあります。横並びの四角に入ることばの抽象度は同じでしょうか。必ず確認してあげてください。

2-1 はんたいの ことば

ふしぎな かがみに ことばの カードを うつしてみたよ。

おとな

子ども

あれ、子どもが おとなに なったよ！

「子ども」と「おとな」は、はんたいの ことばですね。

こんどは「はんたいの いみの ことば」で せかいを せいりしてみましょう。

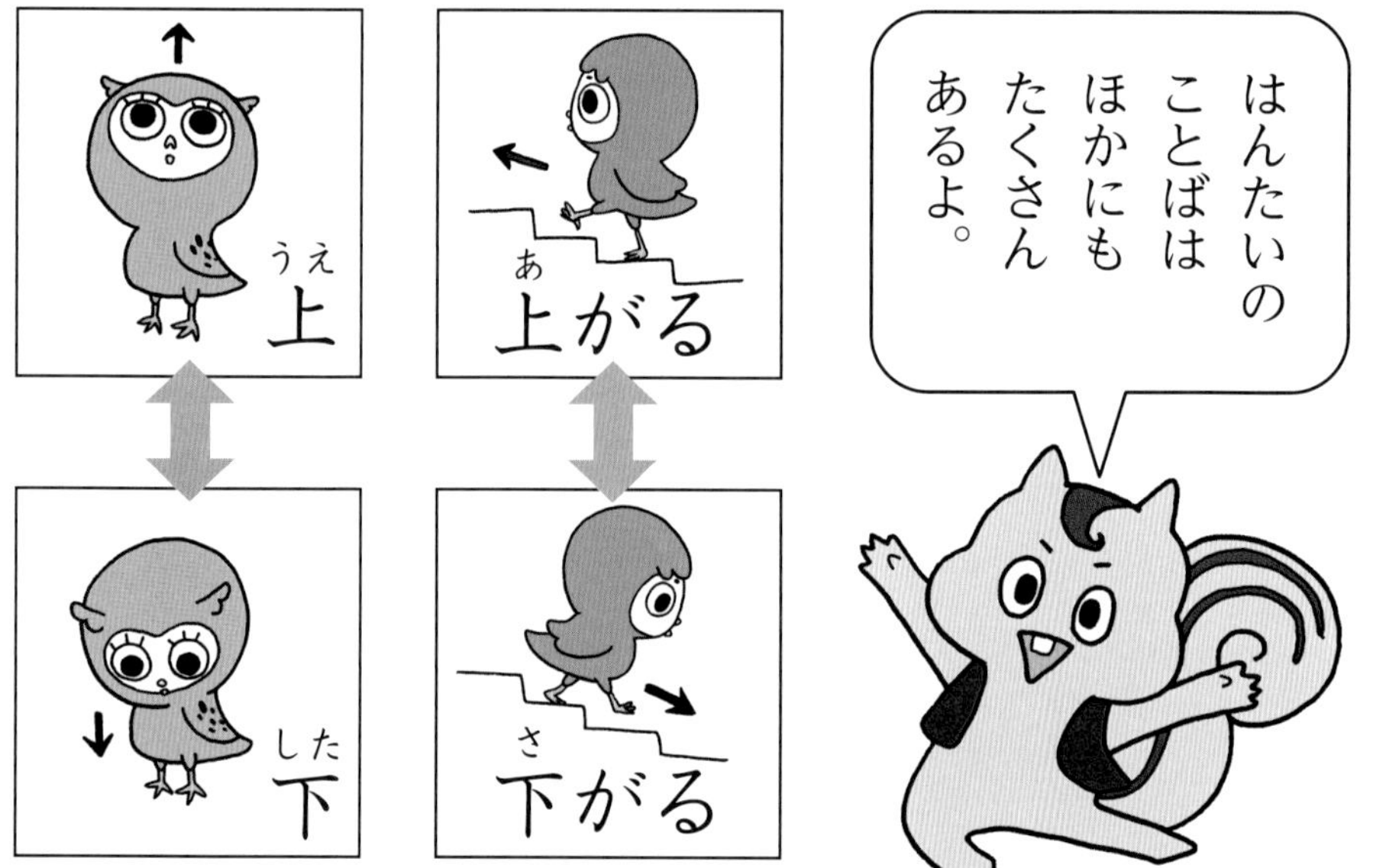

はんたいの ことばは ほかにも たくさん あるよ。

上がる	上
↕	↕
下がる	下

こんどは「ふるい」ふくが「あたらしい」ふくになったわ！

ふるい

あたらしい

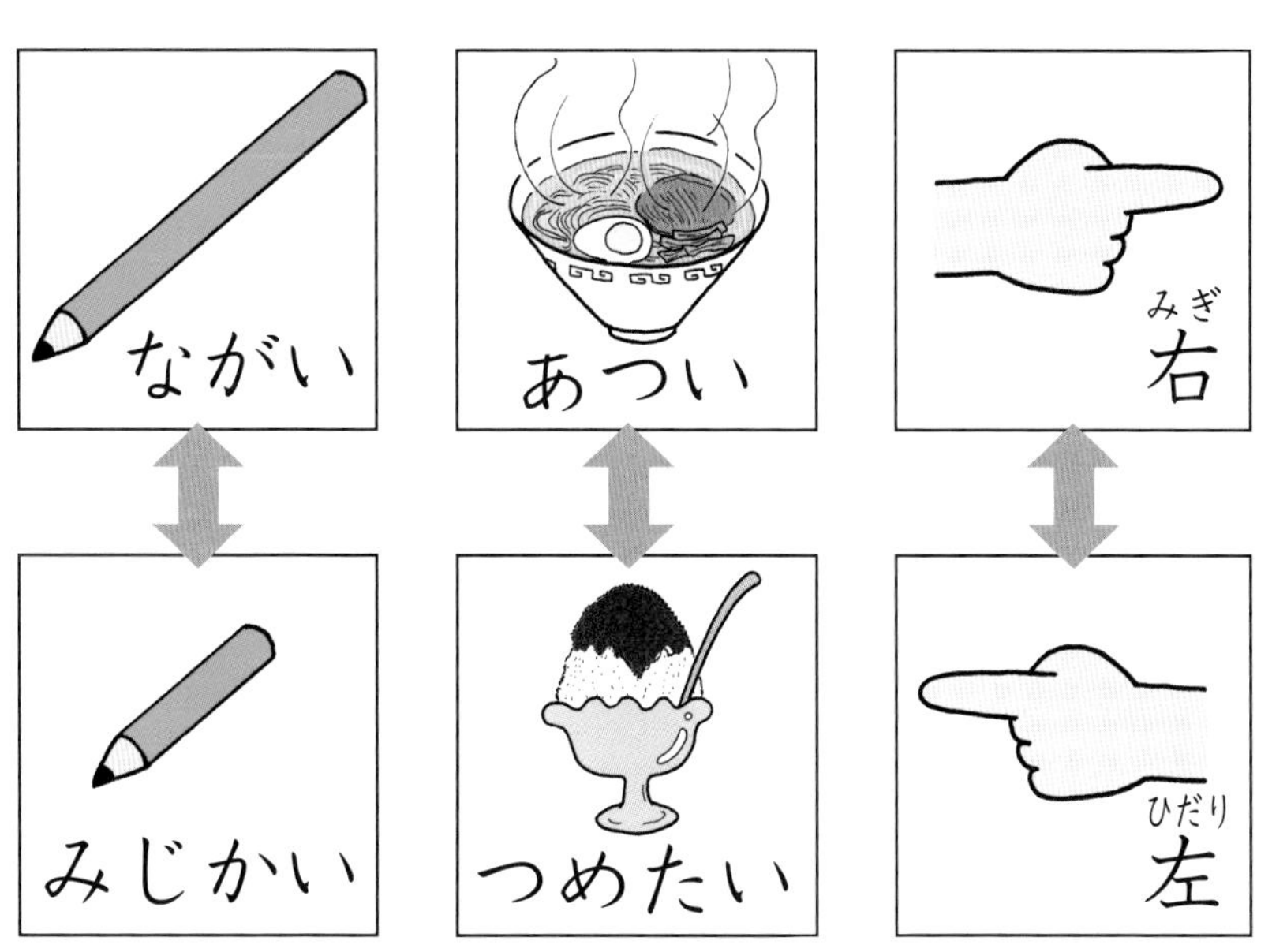

2…1

はんたいの ことば

れんしゅう

えを 見て、上の ことばと はんたいの ことばを かきましょう。

① しめる

② まける

③ まえ

④ きる

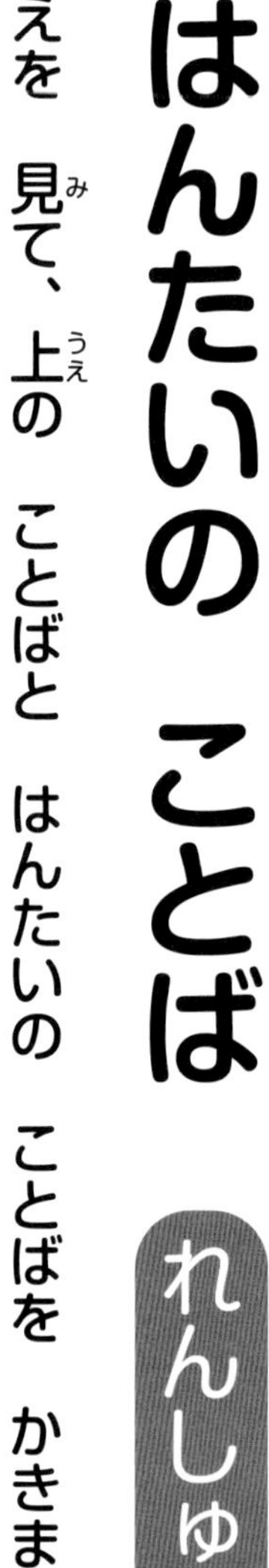
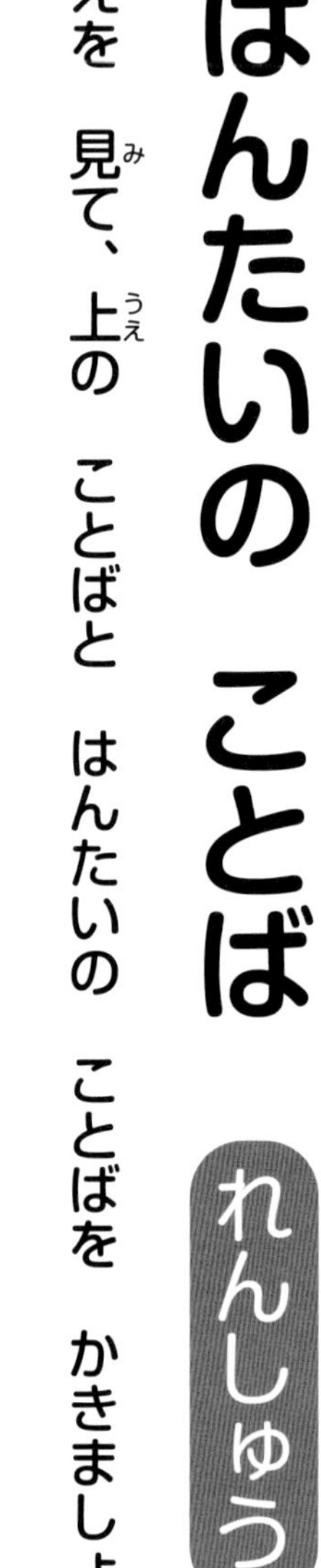

⑤ おす

⑥ あさい

⑦ とおい

⑧ かるい

⑨ 大(おお)きい

● おうちのかたへ ●

対立関係（10ページ参照）は、対比などを使った説明文を読み解く際のカギとなる論理関係です。反対の言葉の学習は「対立関係」を学ぶ基礎となります。まずは、言葉で「対立関係」をとらえるようにします。

3-1 なにが　どうする①

なにが
ネコが　ないている。
どうする

この　文の「なにが（だれが）」は「ネコが」です。

「なにが　どうする」「だれが　どうする」が　わかると、文の　いみが　はっきりします。

れんしゅう

えを 見て 文を つくります。□に あてはまる ことばを ⬚の ことばから えらんで かきましょう。

① なにが □ どうする なっています。

ことば すずが ・ でんわが ・ かみなりが

② なにが □ どうする えさを たべました。

ことば リスが ・ ウサギが ・ ノンタが

● おうちのかたへ ●

主語と述語をとらえるだけで、その文の骨格が浮かび上がってきます。日常会話では省略されがちですが、できるだけ主語を省略しないように心がけてみてください。単語だけで話すのではなく、一文で話すようすることが、主語と述語を意識することにつながります。

3…2

なにが　どうする②

あ、フクちゃん。
フクちゃんが
どうしたの？

文の　中で、とても　たいせつな
やくわりを　しているのが、
「どうする」を　あらわす
ことばです。

「どうする」の
ことばは　どれかしら？

この　文の「どうする」は
「およぎました」ですね。

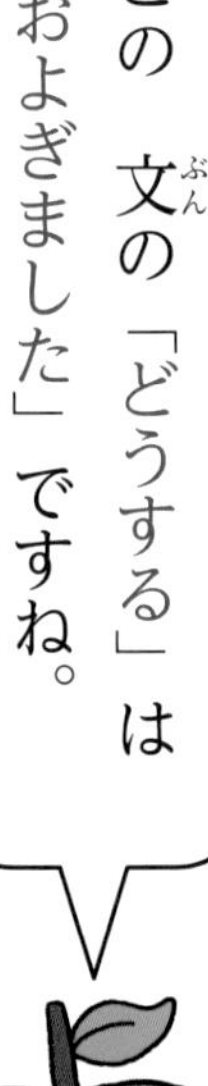

だれが
フクちゃんは
プールで　およぎました。
どうする

れんしゅう

えを 見て 文を つくります。□に あてはまる ことばを □の ことばから えらんで かきましょう。

①ぼくは おりがみを □。
だれが　どうする
ことば：みました・たてました・おりました

②月が きれいに □。
なにが　どうする
ことば：みえます・きこえます・とおります

おうちのかたへ

日本語の特性上、一文で最も大切なポイントは述語に表れます。述語をつかむことは、文の要点をつかむ上で最も重要なプロセスです。

3…3

だれが　したのかな

文の　中の　ことばに　やくわりが
ある　ことが　わかったら、
こんどは　「だれが」　したのか、
えと　文を　見ながら　こたえてね。

ミミちゃんは　フクちゃんを
あさ　よびに　いきました。
フクちゃんは　ごはんを
たべている　ところでした。
そこに　ビッキーが　やってきて
「はやく　学校に　いこうよ」　と
いいながら、　はしっていきました。

右の ページを よく 見てね。
だれが したのか わかるかしら？

フクちゃんを よびに いったのは だれですか？

ごはんを たべていたのは だれですか？

学校に はしっていったのは だれですか？

「だれが」 したのか、たしかめながら、
文を よむように してくださいね。

ミミちゃん	フクちゃん	ビッキー

だれが　したのかな

れんしゅう

つぎの　文を　よんで、あとの　もんだいに　こたえましょう。

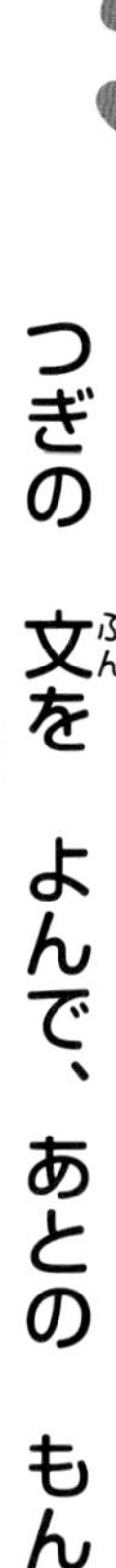

ビッキーは　いつも　そとで
あそんでいます。
ぼくは　ビッキーと　あそぶのが
だいすきです。
いっしょに　あそんでいると、
ミミちゃんが
「しゅくだい　やろうよ」
と、ぼくに　こえを　かけてきました。

つぎの もんだいの こたえを、［ ］から えらんで かきましょう。

①いつも そとで あそんでいるのは だれですか。

［ミミちゃん ・ ぼく ・ ビッキー］

②ビッキーと あそぶのが すきなのは だれですか。

［ミミちゃん ・ ぼく ・ ビッキー］

③ぼくに こえを かけたのは だれですか。

［ミミちゃん ・ ぼく ・ ビッキー］

● おうちのかたへ ●

主語をとらえるときは、まず述語をとらえた後に、その主語を探すという手順を必ず守ってください。というのも日本語では、よく主語が省略されるからです。

3・・・4

文(ぶん)を かいてみよう

ここまでの 「だれが、なにが、どうする」の 学(がく)しゅうで、ことばの やくわりが わかってきましたか？

さつまいもを ほりに きたの！

たくさん とれたね。

□に　あてはまる　ことばが　わかるかな。

フクちゃんたちが　いもばたけを　ほった（どうする）。

たくさんの　さつまいもが（なにが）　できていた。

ミミちゃんが（だれが）　五つの　さつまいもを　ほった。

「だれが」「なにが」や「どうする」が　文の　どこに　あてはまるか　かんがえてくださいね。

文(ぶん)を かいてみよう れんしゅう

□に あてはまる ことばを、□から えらんで かきましょう。

①

いえの ちかくに □ できました。

□ おとうさんと

いっしょに □ 。

ぼくは ・ いきました ・ ケーキやが

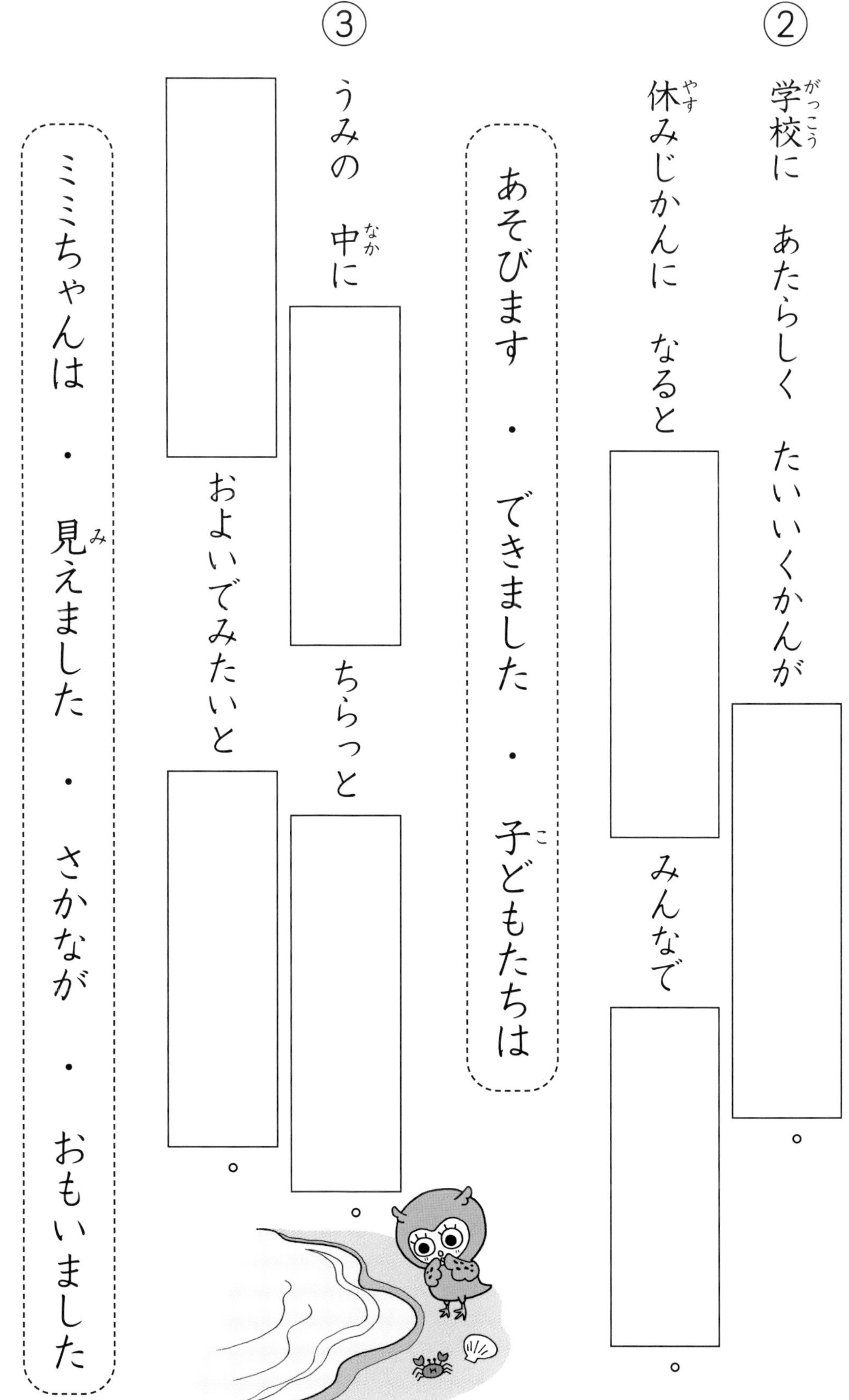

② 学校（がっこう）に　あたらしく　たいいくかんが［　　　］。

休（やす）みじかんに　なると［　　　］みんなで［　　　］。

あそびます・できました・子（こ）どもたちは

③ うみの　中（なか）に［　　　］ちらっと［　　　］。

［　　　］およいでみたいと［　　　］。

ミミちゃんは・見（み）えました・さかなが・おもいました

おうちのかたへ

語感からではなく、意味や主語・述語のつながりを手がかりに、適切なことばを補うようにさせてください。

かたちに ことばを あてはめよう
「だれが・なにが」

「だれが」を あらわす ことばは、文の 中で たいせつな やくわりが あります。（　）に あてはめて、どの ばしょに あるのか おぼえましょう。

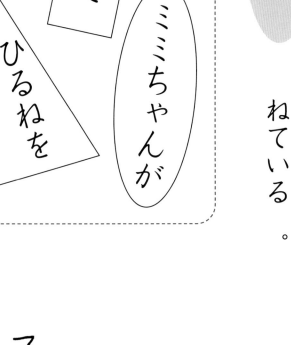

 ねている 。

おきた

ミミちゃんが

ひるねを

これ、なあに？
ことばのカードです。
にあてはまるカードはどれかわかりますか？

だれが
ミミちゃんが
どうする
ねている。

「ミミちゃんが」を「だれが」のことば、「ねている」を「どうする」のことばというのよ。

ステップ4では「だれが（なにが）」や、「どうする」などのことばをやにあてはめるれんしゅうをしよう。ことばのやくわりがわかるようになるよ。

かたちに ことばを あてはめよう「だれが・なにが」

れんしゅう

えを 見(み)て 文(ぶん)を つくります。 に あてはまる ことばを あとの ことばから えらんで かきましょう。

① だれが（　　　）どうする はしる。

ことば　フクちゃんが ・ おかあさんが

② だれが（　　　）どうする なく。

ことば　ノンタが ・ リンダが

③ だれが（　　　）どうする わらう。

ことば　ミミちゃんが ・ おとうさんが

えを ことばに する ときは、「だれが」を かくのよ。

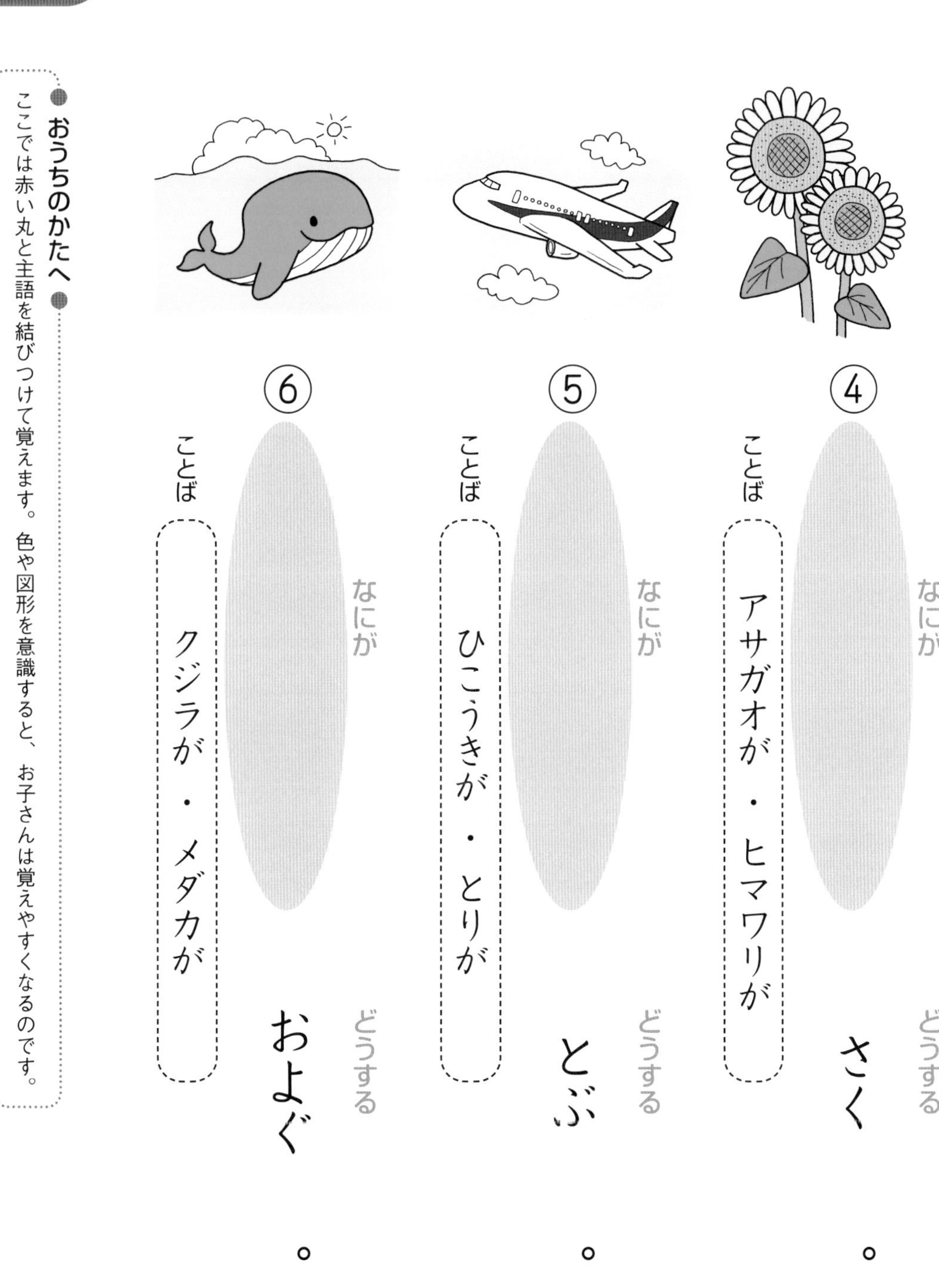

おうちのかたへ

ここでは赤い丸と主語を結びつけて覚えます。色や図形を意識すると、お子さんは覚えやすくなるのです。

4…2

かたちに　ことばを　あてはめよう
「どうする」

だれが　　　どうする
ノンタが　おどる。

なにが　　　どうする
雨（あめ）が　ふる。

「どうする」のぶぶんを　　の　かたちに
入（い）れてみたわ。これで、「だれが（なにが）、
どうする」と　いう　一文（いちぶん）が　できましたね。

「どうする」が
に
入（はい）っているわ。

れんしゅう

えを　見て　文を　つくります。［　］に　あてはまる　ことばを　あとの　ことばから　えらんで　かきましょう。

① ミミちゃんが　（なにが）　［　　　］（どうする）。
ことば　うたう・なく

② リンゴ先生が　（なにが）　［　　　］（どうする）。
ことば　はなす・おこる

③ ビッキーが　（なにが）　［　　　］（どうする）。
ことば　ころぶ・はしる

おうちのかたへ

日常会話では、しばしば主語や述語が省略されます。お子さんに、「今のお話の述語は何か」「主語は何か」を問いかけてあげることは、この本の学習効果を最大に高めてくれるでしょう。

4…3

かたちに　ことばを　あてはめよう「なにを」

だれが　フクちゃんが

なにを　ぼうしを

どうする　かぶる。

だれが　おとうさんが

なにを　さかなを

どうする　つる。

こんどは
「ぼうしを」
「さかなを」が
に
入（はい）って
いるわね。

「なにを」の　ぶぶんは、
「どうする」をくわしくする
はたらきが　あるのよ。

れんしゅう

えを 見て 文を つくります。　に あてはまる ことばを かきましょう。

① ミミちゃんが（だれが）　（なにを）　あつめる。（どうする）

② フクちゃんが（だれが）　（なにを）　たたく。（どうする）

③ ノンタが（だれが）　（なにを）　たべる。（どうする）

● おうちのかたへ ●
文の要点とは、主語・述語・目的語を指します。ここでは、目的語を緑の三角形と結びつけて位置と役割を把握させます。

「だれが」「どうする」

れんしゅう

1 つぎの　文(ぶん)の「どうする」の　ぶぶんに　――せんを　ひきましょう。

れい　イヌが　ビッキーに　ほえた。

① ミミちゃんが　おどる。

② ノンタが　ねる。

③ フクちゃんが　おふろに　入(はい)る。

④ おかあさんが　お金(かね)を　かぞえる。

「どうする」の　ぶぶんに　せんを　ひきます。
は、文(ぶん)の　中(なか)の　どこに　ありましたか？

2 はじめに 「どうする」の ぶぶんに ――せんを ひきましょう。
つぎに 「だれが」の ぶぶんに 〰〰せんを ひきましょう。

れい おとうさんが はたらく。

① おかあさんが ふくを かう。

② ミミちゃんが 花(はな)を うえる。

③ いもうとが わらう。

④ フクちゃんが えを かく。

「だれが」の ぶぶんに、
〰〰せんを ひくのを
わすれないでね。

● おうちのかたへ ●
これまでは黄色い四角とともに述語の形・位置・役割を感覚的に把握してきました。ここからは、述語に線を引くことで、感覚からの脱却を図ります。

4…5

「どんなだ」

きいろい　しかくには、「どうする」の　ほかに、「どんなだ」を　あらわす　ことばも　入ります。「どんなだ」は、ものや　人の　ようすを　あらわす　ことばです。

なにが

ラーメンが

どんなだ

おいしい　。

ラーメンが　どうなのか、せつめいしているのね。

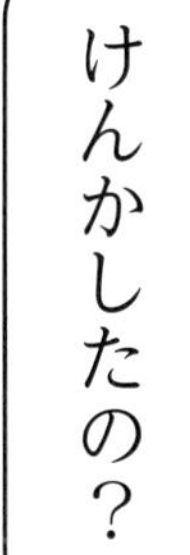

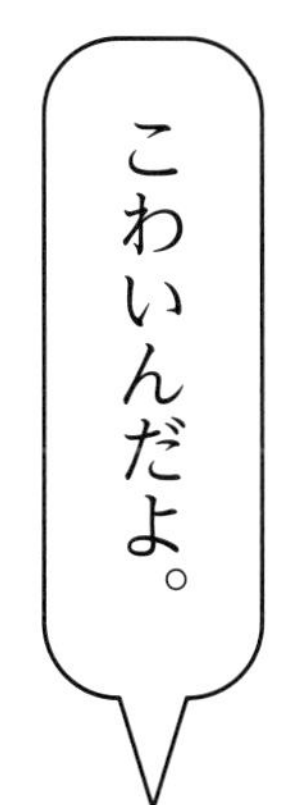

だれが

ミミちゃんが

どんなだ

こわい　。

4…5 「どんなだ」

れんしゅう

1 えを 見て 文を つくります。 に あてはまる ことばを あとの ことばから えらんで かきましょう。

①

なにが　しっぽが

どんなだ　　。

ことば　ながい ・ ふかい

②

なにが　クジラが

どんなだ　　。

ことば　大きい ・ かるい

しっぽの ようすを あらわすんだね。

2 えを 見(み)て 文(ぶん)を つくります。（　）と（　）に あてはまる ことばを あとの ことばから えらんで かきましょう。

① （なには）（どんなだ）。

ことば
フクちゃんは・しんかんせんは・ひどい・はやい

② （なには）（どんなだ）。

ことば
ビッキーは・ドーナツは・くらい・おいしい

おうちのかたへ

身の回りのものについて、「何が、どんなだ」という一文をお子さんと一緒に作ってみましょう。「どんな」という様子を表す言葉は、ステップ６で名詞を飾る言葉でもあることを学習しますが、今の段階では、述語になることがわかれば合格です。

「なには」「どんなだ」 れんしゅう

1 つぎの 文(ぶん)の 「どんなだ」の ぶぶんに ——せんを ひきましょう。

れい となりの 人(ひと)は おとなしい。

①ふじ山(さん)は とても たかい。

②なつの たいようは まぶしい。

③おかあさんが つくる ケーキは おいしい。

2 まず「どんなだ」の ぶぶんに ――― せんを ひきましょう。
つぎに「なには」の ぶぶんに 〰〰 せんを ひきましょう。

れい コーヒーは にがい。

① チョコレートは あまい。

② おばけやしきは こわい。

③ この 人ぎょう(にん)は とても かわいい。

「どんなだ」は □ でしたね。
「なには」は □ の
まず、はじめに
ことばを 見(み)つけてね。

おうちのかたへ
主語と述語を意識させることはもちろん、まず述語を見つけて、それから主語という順に線を引くことを忘れないように常に心がけましょう。日本語の特質として主語は省略されることもあります。

4…7

「なんだ」

森の学校に
かよっているのよ。

きいろい　しかくには、「どうする」
「どんなだ」の　ほかに、「なんだ」を
あらわす　ことばが　入ります。

だれは

ミミちゃんは

なんだ

小学生だ　。

ミミちゃんが　なになのか、
せつめいしているのね。

おやつが　なになのかと
いうと、ケーキだね。

おやつは　なには

ケーキだ　なんだ

。

「なんだ」 れんしゅう

1 えを　見て　文を　つくります。□に　あてはまる　ことばを　あとの　ことばから　えらんで　かきましょう。

① ぞうは（なにが）□（なんだ）□。

ことば　どうぶつだ　・　さかなだ

② おとうさんは（なにが）□（なんだ）□。

ことば　いしゃだ　・　中学生だ

ぞうは　なんだった？　とりでは　ないよね。

2 えを　見て　文を　つくります。（　　）と　に　あてはまる　ことばを　あとの　ことばから　えらんで　かきましょう。

①

なには　　　なんだ　。

ことば
はさみは・ノートは・ぶんぼうぐだ・のりものだ

②

なには　　　なんだ　。

ことば
ミミちゃんは・フクちゃんは・おかあさんだ・おひめさまだ

● おうちのかたへ ●
今度の述語は、名詞＋だ（です）です。「～だ」、「～です」が述語になることを理解しましょう。
主語と述語の名詞はイコールの関係になります。

「なには」「なんだ」 れんしゅう

1 つぎの　文(ぶん)の　「なんだ」の　ぶぶんに ――― せんを　ひきましょう。

れい これは　わたしの　本(ほん)です。

① クジラは　大(おお)きな　いきものです。

② 花(か)だんに　さいている　花(はな)は　バラです。

③ ぼくが　ほしい　ものは　サッカーボールです。

2 まず「なんだ」の　ぶぶんに ―― せんを　ひきましょう。
つぎに「なには」の　ぶぶんに 〰〰 せんを　ひきましょう。

れい　フクちゃんは　男(おとこ)の子(こ)です。

① ばんごはんは　カレーライスです。

② すきな　かもくは　こくごです。

③ おとうさんは　学校(がっこう)の　先生(せんせい)です。

「なんだ」を
見(み)つけてから、
「なには」を
さがしましょう。

● おうちのかたへ ●
今回の述語も名詞＋だ（です）です。これまでと同様、まず述語を見つけて、それから主語という順に線を引くことを忘れないようにしましょう。

5…1 ことばを　入れて　文を　つくろう

ことばの　かずが　ふえても　だいじょうぶです。
どんな　やくわりを　している　ことばか
かんがえて　こたえましょう。

□に　ことばを　入れて
文を　つくります。
下の　カードを　どこに
入れたら　よいか
わかりますか。

ぼくは　セミを　□。

□が　本を　□。

カード

ミミちゃん	つかまえた	よんでいる

ぼくは　セミを　つかまえた。
どうする

ミミちゃんが　本を　よんでいる。
だれが（なにが）　どうする

「どうする」の　ことばや　「だれが（なにが）」の　ことばは　どこに　入れたら　よいかしら。

「どうする」の　ことばを　入れるのね。「ぼくは　セミを」だから、「つかまえた」が　入るわ。

5-1 ことばを 入(い)れて 文(ぶん)を つくろう れんしゅう

1 □に あてはまる ことばを、⬚から えらんで かきましょう。

① □が ベンチに □。

② □が 赤(あか)ちゃんを □。

③ □が □を □。

ネコ ・ だいている ・ おじいさん ・ さかな
くわえている ・ すわっている ・ おかあさん

2 □に あてはまる ことばを、┆　┆から えらんで かきましょう。

① □が 川（かわ）を □。

② □が くさを □。

③ □が □を □。

ウシ・メタカ・たべている・スズメ
とんでいる・空（そら）・およいでいる

●おうちのかたへ●
示されたことばと絵を見て、適切な主語・述語・目的語を補う練習です。作文力だけでなく、描写力を鍛える効果もあります。

6…1

どんな　ようすかな

どんな　ようすか　せつめいする　ことばが　あるよ。

ことばには　ようすを　あらわす
ことばが　あるのよ。
たとえば「花」だけだと　どんな
花か　わからないけど、「赤い　花」
なら　どんな　花か　わかるわね。

おいしい　サラダ

どんな　サラダか
せつめいして
いるのね。

どんな　サラダかと
いうと、
「おいしい　サラダ」と
いうことね。

からい　たべもの

あかるい　ライト

どんな　たべもの、
どんな　ライトと
かいてありますか?
「からい　たべもの」
「あかるい　ライト」だね。

おうちのかたへ

ここでは形容詞について学びます。形容詞は名詞をくわしくする言葉です。「どんな○○」という問いかけで、形容詞が名詞を修飾していることをとらえることができれば合格です。

6-1

どんな ようすかな れんしゅう

上(うえ)の えの ようすを あらわす ことばを 下(した)から えらんで かきましょう。

① かみのけ

ながい・みじかい

② たてもの

たかい・ひくい

③ くつ

赤(あか)い・白(しろ)い

④ かさ

小(ちい)さい・大(おお)きい

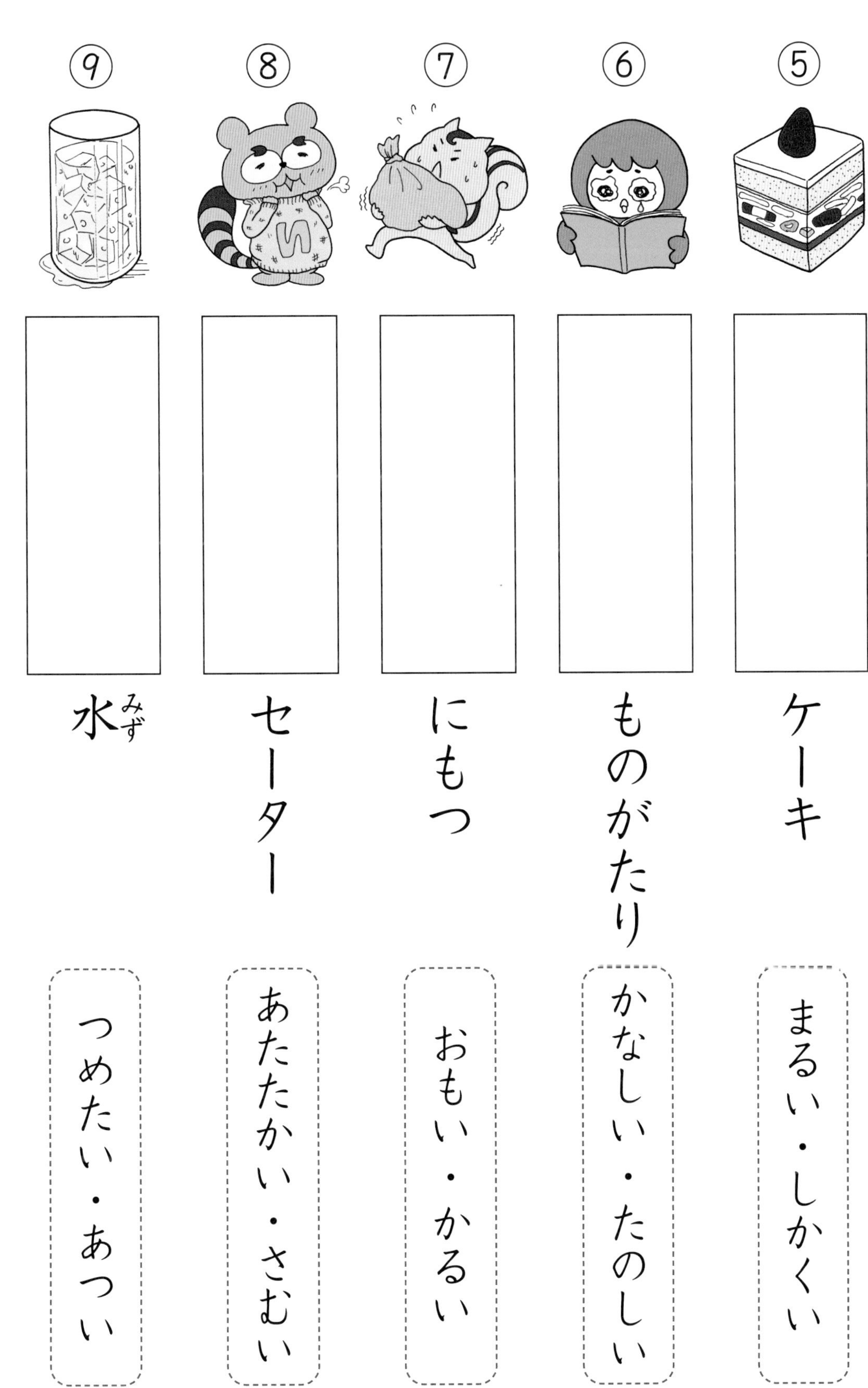

⑤ ケーキ
まるい・しかくい

⑥ ものがたり
かなしい・たのしい

⑦ にもつ
おもい・かるい

⑧ セーター
あたたかい・さむい

⑨ 水（みず）
つめたい・あつい

7-1 ことばと　ことばを　つなごう

ことばと　ことばの
つかいかたを　おぼえましょう。

ぼく　にわにわ　にわとり　いるよ。
ぼく　とりだよ。
ぼく　にわとりわ　たまお　けった。

ビッキーは　リスでしょ？
とりは　わたしと
フクちゃんよ。

たまおくんって
だれだろう？
にわとりと
けんかしたのかな？

ことばと　ことばを
つなぐ　ことばを
まちがえているからですよ。
まほうで　正(ただ)しく　するわよ。

ぼくの　にわには　にわとりが　いるよ。
ぼくの　とりだよ。
ぼくと　にわとりは　たまを　けった。

ことばと　ことばを
つなぐ　ことばを
ちゃんと　つかわないと
いみが　つうじないのね。

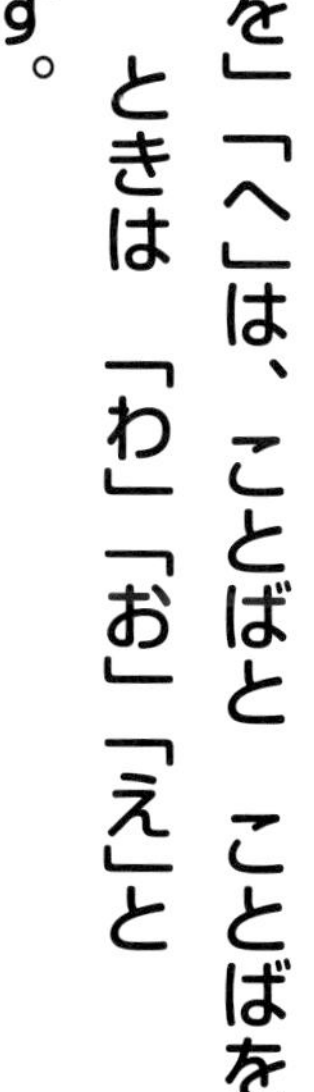

「は」「を」「へ」は、ことばと　ことばを
つなぐ　ときは　「わ」「お」「え」と
よみます。

かくと		よむと
先生(せんせい)は	……	先生(せんせい)わ
パンを	……	パンお
学校(がっこう)へ	……	学校(がっこう)え

えんぴつで　かく。
おかあさんに　はなす。
ぼくも　たべたい

ことばと　ことばを
つなぐ　ことばは
ほかにも　いろいろ
あるんだね。

7…1 ことばと ことばを つなごう れんしゅう

1 正(ただ)しい ほうを えらんで、□に もじを かきましょう。

①ミミちゃん□ かわいい 女(おんな)の子(こ)です。

ノンタが ドタドタ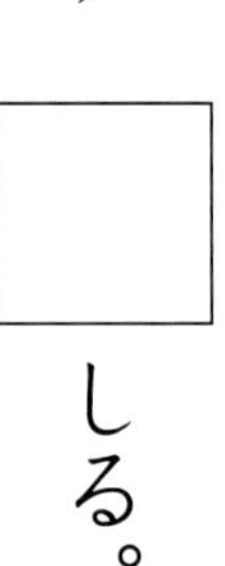しる。

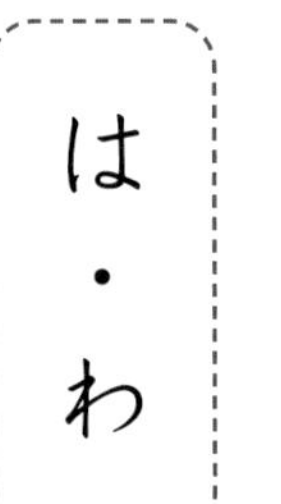

は・わ

②ももたろうが□にがしまに いく。

リンダが え□かく。

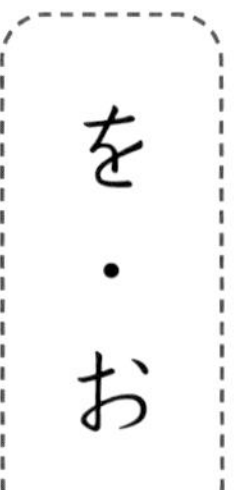

を・お

③でん車(しゃ)が えき□ついた。

かえるの おなかに□そが ない。

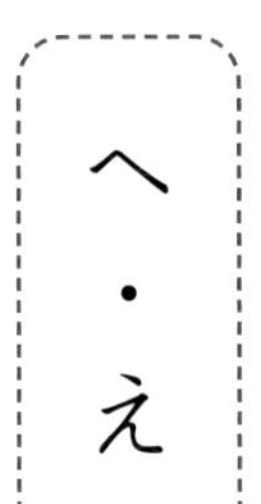

へ・え

2 正(ただ)しい　ほうを　えらんで、□に　ことばと　ことばを　つなぐ　ことばを　かきましょう。

①ノンタ□　リンダが　わらう。　（と・は）

②おりがみ□　つるを　おる。　（に・で）

③ぼく□　ケーキを　たべたい。　（へ・も）

④先生(せんせい)□　手(て)がみを　くばる。　（で・が）

⑤ビッキー□　ふくは　赤(あか)い。　（の・を）

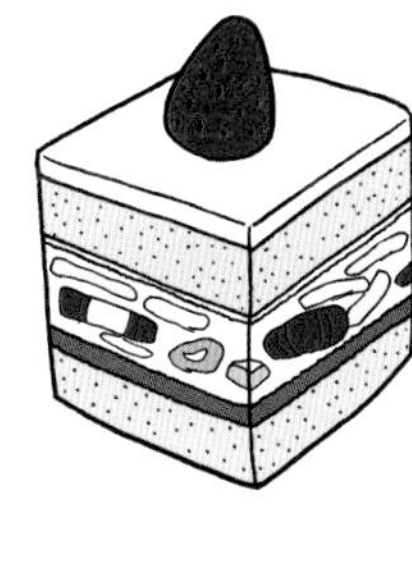

8…1 文と 文の つながり

一つひとつの 文には いみが あるよ。そして、二つの 文が ある とき、まえの 文と あとの 文の あいだには、いくつかの つながりかたが あるよ。

二つの 文の まえの 文と あとの 文は バラバラでは なく、ちゃんと つながっています。この つながりかたを かんがえましょう。

文と 文の つながりを きごうで あらわしてみたよ。

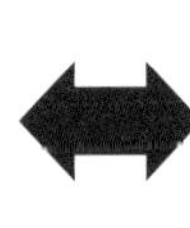 まえの ことと あとの ことが はんたいに なっている。

 まえの ことが おきた ために あとの ことが おきた。

＝ まえの ことと おなじ ことを いっている。

きょうは えんそくの 日でした。

↔

雨が ふったので あしたに なりました。

えんそくに いくはずだったのに、雨で いけなく なったのですね。だから、↔の きごうです。

おひるごはんを　たくさん
たべました。

←

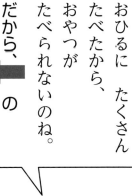

三（さん）じの　おやつが
たべられなくなりました。

ぼくの　すきな　おかしは
わがしです。

＝

だんご、おはぎ
などです。

おひるに　たくさん
たべたから、
おやつが
たべられないのね。
だから、← の
きごうよ。

わがしと　いえば、
だんごや　おはぎ。
「わがし」と
「だんご」「おはぎ」は
おなじことだよ。
だから、＝ の
きごうだよ。

8…1 文（ぶん）と 文（ぶん）の つながり

れんしゅう①

まえの ページのように して、まえの 文（ぶん）と あとの 文（ぶん）の つながりを きごうで あらわします。□に あてはまる きごうを かきましょう。

まえの ことと あとの ことが はんたいに なっている。

まえの ことが おきた ために あとの ことが おきた。

＝
まえの ことと おなじ ことを いっている。

① 先生（せんせい）が、おもしろい はなしを してくれました。

みんなが わらいました。

②

なつ休(やす)みは　とても　ながいと　おもっていました。

□

気(き)が　つけば、もう　すぐ　おわりです。

③

こうえんには　たのしい　ゆうぐが　たくさん　あります。

□

ジャングルジム、すべりだい、てつぼうです。

おうちのかたへ

↔は「しかし」、←は「だから」、＝は「たとえば」「つまり」と言い換えることができます。接続語問題で、正解したり間違ったりを繰り返さないためには、語感ではなく意味上のつながりを早い段階で習得する必要があります。

8…1 文(ぶん)と 文(ぶん)の つながり

れんしゅう②

まえの ページのように して、まえの 文(ぶん)と あとの 文(ぶん)の つながりを きごうで あらわします。□に あてはまる きごうを かきましょう。

↔ まえの ことと あとの ことが はんたいに なっている。

← まえの ことが おきた ために あとの ことが おきた。

＝ まえの ことと おなじ ことを いっている。

① 学校(がっこう)には ふつうの きょうしつの ほかに いろいろな へやが あります。

□

おんがくしつ、ほけんしつ、きゅうしょくしつなどです。

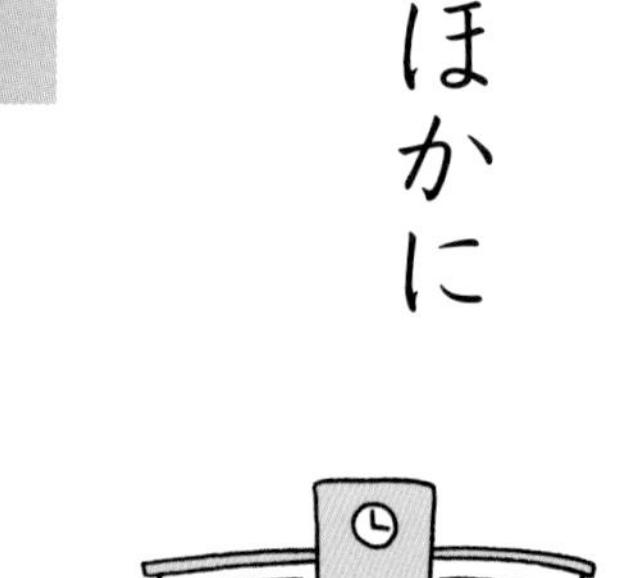

② くじびきで　あめが　たくさん　あたりました。
　　［　　］
ばんざいして　よろこびました。

③ おとうさんは、休（やす）みの　日（ひ）に　なると
いつも　あそんでくれます。
　　［　　］
きのうの　お休（やす）みは　いっしょに
あそべませんでした。

8…1 文(ぶん)と 文(ぶん)の つながり

れんしゅう③

まえの ページのように して、まえの 文(ぶん)と あとの 文(ぶん)の つながりを きごうで あらわします。□に あてはまる きごうを かきましょう。

まえの ことと あとの ことが はんたいに なっている。

まえの ことが おきた ために あとの ことが おきた。

＝
まえの ことと おなじ ことを いっている。

① サンタさんには、「のりものの おもちゃが ほしい」と つたえておいてね。

パトカーとか、しんかんせん、ジェットきの おもちゃだよ。

② ぼくは 大きな こえで よびかけました。

ミミちゃんは □ 気が つきませんでした。

③ なつ休みに そとで たくさん あそびました。

まっくろに □ 日やけしました。

● おうちのかたへ ●

「接続語は論理への第一歩」です。↔は対立、←は因果、＝はイコールの関係を表します。接続語の習得は、論理的な読み方、書き方、話し方につながるのです。

8…1 文と 文の つながり

れんしゅう④

まえの 文と あとの 文の つながりを きごうで あらわします。
□に あてはまる きごうを かきましょう。

まえの ことと あとの ことが はんたいに なっている。

まえの ことが おきた ために あとの ことが おきた。

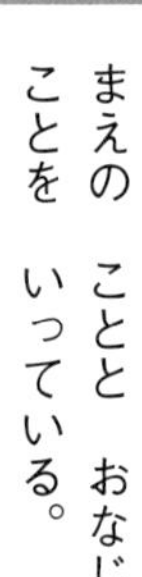
まえの ことと おなじ ことを いっている。

① たからさがしに 出かけました。

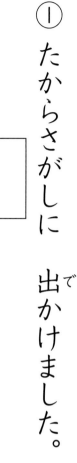

くまが 出たので いけませんでした。

② しょうてんがいには　ぼくの　すきな
おみせが　たくさん　あります。

□

やきにくやさん、おすしやさん、ドーナツやさんです。

③ ことしの　なつは　とても　あつかったです。

□

ずっと　クーラーを　つけていました。

9…1

文(ぶん)の よみとり

一(ひと)つひとつの ことばには、やくわりが ありますす。じっくりと 文(ぶん)しょうを よんで、もんだいに こたえましょう。

ぼくは、きょうの あさ、
おとうさんと こうえんに いきました。
ビッキーが 先(さき)に きていて、
ブランコで あそんでいました。
ぼくと ビッキーの 二人(ふたり)で、
サッカーボールを けりました。

さく文(ぶん)を かいたんだよ。
うまく かけたわね。さて、ミミちゃん。よむ ときは、「いつ」「どこで」などに 気(き)を つけて よむと いいですよ。

① いつ　いきましたか？

（きょうの）あさ

② どこに　いきましたか？

こうえん

③ ブランコで　あそんで　いたのは、だれですか？

ビッキー

④ ぼくと　ビッキーは　なにを　けりましたか？

サッカーボール

おうちのかたへ

５Ｗ１Ｈは読解や情報伝達の場面でたいへん重要なツールとなります。お子さんが学校でのできごとを話す際、できるだけ５Ｗ１Ｈを意識するように導いてあげてください。作文の成績もぐんと上がってくることでしょう。

9-1

文（ぶん）の よみとり

れんしゅう

1 文（ぶん）を よんで、下（した）の もんだいに こたえましょう。

日（にち）よう日（び）に、ぼくは
ミミちゃんと ゆうえんちに
いきました。
ぼくたちは、かんらん車（しゃ）に
のりました。
かんらん車（しゃ）は
たのしい のりもの
だからです。

① いつ いきましたか。

② どこへ いきましたか。

③ なぜ かんらん車（しゃ）に のりましたか。

だから。

2

きのうの　ひるに、
わたしの　おとうさんが
おひるごはんを　つくりました。
つくってくれたのは　わたしの
大(だい)すきな　カレーライスです。
わたしは　おとうさんが
つくるのを　だいどころで
ずっと　見(み)ていました。

①だれが　おひるごはんを
つくりましたか。

②おひるごはんに　なにを
つくりましたか。

③わたしは　どこで
見(み)ていましたか。

10…1

どんな　気もちかな

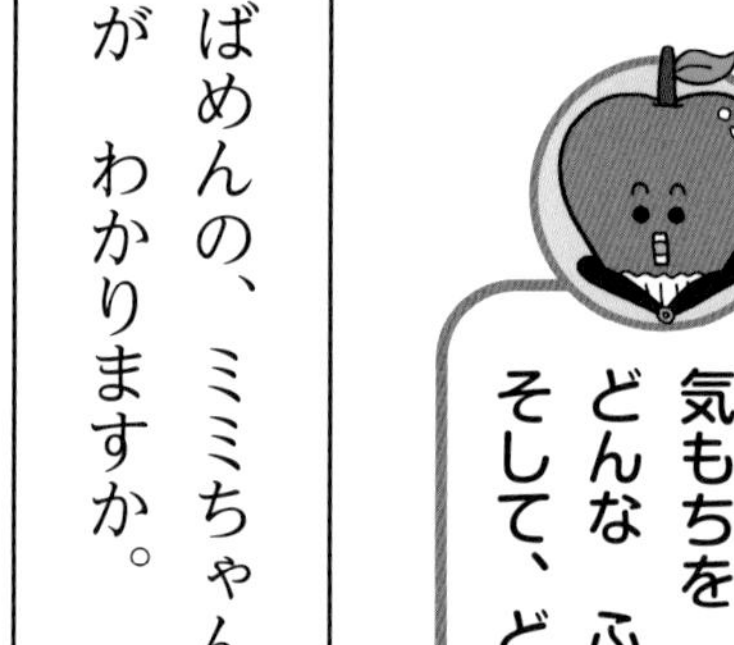

人の　気もちって　むずかしいわね。
気もちを　ことばで　あらわす　ときって
どんな　ふうに　いうのかしら。
そして、どんな　ばめんなのかしら。

もう　すぐ　テレビで
すきな　アニメが
はじまります。
わたしは、ワクワク
していました。

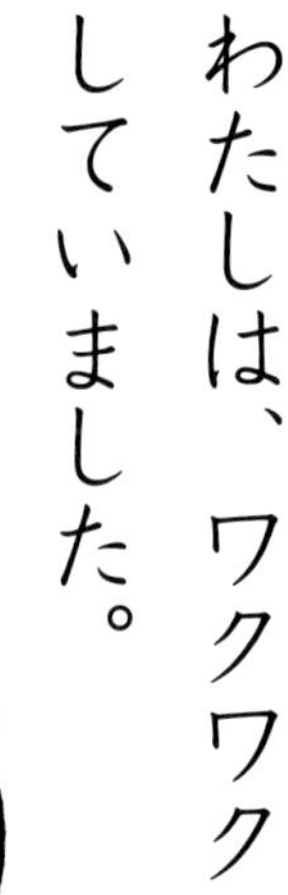

上の　ばめんの、ミミちゃんの
気もちが　わかりますか。

ワクワクしているんだから、
たのしみに　しているんじゃ
ないかなあ。

そうね。「ワクワク」から、
たのしみに　している
気もちが　わかるわね。
こんなふうに、人の
気もちが　わかる　ことばが
あるのよ。

れんしゅう①

左(ひだり)の ――せんは それぞれ どんな 気(き)もちを あらわして いるでしょう。あてはまる ものを えらびましょう。

1 ノンタの おかあさんが たなを あけると あんパンが ありませんでした。それを きいて ノンタは わあわあと なきました。

① よろこんでいる
② かなしんでいる
③ おどろいている

2 ミミちゃんは おばけの はなしを 一人(ひとり)で よんでいました。すると からだが ぶるぶると ふるえてきました。

① たのしみだ
② はずかしい
③ こわい

10-1 どんな 気もちかな

れんしゅう①

左の ——せんは それぞれ どんな 気もちを あらわしているでしょう。あてはまる ものを えらびましょう。

1 ピクニックに きました。つつみを あけて おいしそうな おべんとうを 見た とたん 二人は にこにこしました。

① つまらない
② たのしみだ
③ おもしろい

2 ひさしぶりに ゆうえんちに つれてきて もらいました。ぼくは ずっと ゆうえんちの 中を うたいながら あるいていました。

① よろこんでいる
② つかれている
③ はずかしがっている

3 うんどうかいで、ぼくたちの クラスは まけてしまいました。
みんな 下（した）を むいて だまってしまいました。

① おこっている
② おもしろがっている
③ がっかりしている

4 リンゴ先生（せんせい）が「きょうの きゅうしょくは みんなの すきな
カレーライスです。」と いうと みんなは「わーい、やった。」と
大（おお）きな こえで いいました。

① びっくりしている
② うれしがっている
③ かなしんでいる

おうちのかたへ

気持ちを表す擬情語のオノマトペに着目すると、気持ちを読みとることができます。また、動作やセリフからも気持ちを読みとることもできます。物語文の問題では登場人物の気持ちを問われることが多いので、基本の読みとりを学習しておくとよいでしょう。

10…2 気もちを よみとろう

れんしゅう①

つぎの 文しょうを よんで、あとの もんだいに こたえましょう。

1

きょうは えんそくです。
山みちを みんなで あるいている
ときに、けんとくんは とても
大きな ちょうを 見つけました。
けんとくんは、びっくりしたように
「見て、見て！」
と、大きな こえを
出して、みんなに
しらせました。

けんとくんの 気もちを あらわしている ことばを かきましょう。

した

大きな ちょうを 見たんだね。

どうして 大きな こえを 出したのかしら？

2

かぞくで　ゆうえんちに
いきました。いろいろな　のりものが
あって、わたしは　きょろきょろして
いました。すると、おとうさんが
「どれでも　のって　いいよ。」
と　いってくれました。
たくさんの　のりものに
のることが　できて、
とても　たのしかったです。

わたしの　気（き）もちを　あらわしている
ことばを　かきましょう。

10…2 気もちを よみとろう れんしゅう②

つぎの 文しょうを よんで、あとの もんだいに こたえましょう。

1

ゆみさんが 生まれた ときから、いえには しろちゃんと いうねこが いました。ゆみさんはしろちゃんと いっしょにあそんだり ねたりして いました。
ところが、しろちゃんは、としを とって しんでしまいました。
ゆみさんは うごかないねこを 見て ひどくかなしくなりました。

ゆみさんの 気もちを あらわして いることばを かきましょう。

2

おとうさんは　やきゅうが
大すきで、よく　テレビで　しあいを
見ています。でも、おうえんしている
チームが　まけると、大きな
ためいきを　つきます。

**おとうさんの　気もちを　あらわしている
うごきを　かきましょう。**

うごきで　気もちが
わかるの？

マンガや　アニメを
おもい出してください。
うごきで、うれしい
気もちや、かなしい
気もちが
わかるでしょう？

10…2

気もちを よみとろう れんしゅう③

つぎの 文しょうを よんで、あとの もんだいに こたえましょう。

1

音がくかいで、わたしは 一人で うたを うたう ことに なりました。うたい出すと 大きな こえが 出て、みんなが きいて くれました。うたいおわった とたんに、わたしは ぶたいで とびはねて しまいました。

わたしが うれしいのは、どんな ようす から わかりますか。「〜ようす」に つながるように かきましょう。

（　　　　　　　　　　）ようす。

2

みどりさんは　さんすうが
にが手で、きのうの　テストは
三十てんでした。おかあさんに
しかられてしまうと　おもい、
しょんぼりしながら　かえりました。
ところが、おかあさんは
「つぎに　がんばれば　いいのよ。」
と、やさしく　いってくれました。
みどりさんは　びっくりして
しまいました。

みどりさんが
おどろいたのは　なぜですか。
「〜から」に　つながるように
りゆうを　つづけて　かきましょう。

テストの　てんが　よくなかったので
しかられると　おもっていたのに、

（　　　　　　　　　　）から。

10…2

気もちを よみとろう

れんしゅう④

つぎの 文しょうを よんで、あとの もんだいに こたえましょう。

むかし、むかし、うらしま太郎と いう 男が うみの ちかくに すんでいました。

ある なつの ひる、太郎は さかなを つりに うみに いこうと しました。

「きょうは あついなあ。」

太郎は、日が てりつける みちを あるきながら、おもわず ①ためいきを ついてしまいました。そのときです。すなはまで 大きな カメを

1 ――①で、太郎が ためいきを ついたのは、なぜですか。あてはまる きごうに ○を つけましょう。

ア さかなが つれなかったから。

イ あつくて たまらなかったから。

ウ きゅうな さかみちを あるいたから。

なんにんかの　子どもたちが　かこんで
いるのを　見ました。
「おねがいです。もう、やめてください。」
カメが　ないています。②太郎は
大いそぎで　子どもたちの　ほうに
かけよりました。カメを　たすけて
やろうと　おもったのです。
「おい、よさないか。」
子どもたちの　せなかに、いきなり
大きな　こえで　さけびました。
「なんだよ、おまえ。」
子どもたちは　③びっくりしたように
太郎の　かおを　見ました。

おうちのかたへ
長い物語文を読むための基礎問題です。まずは、登場人物の気もちの理由を読み取る練習から始めましょう。

2 ――②で、太郎が　大いそぎで　かけよったのは、なぜですか。あてはまる　きごうに　○を　つけましょう。

ア　子どもたちと　いっしょに　あそびたかったから。
イ　めずらしい　カメを　見たいと　おもったから。
ウ　カメが　かわいそうだったから。

3 ――③で、子どもたちが　びっくりしたのは　なぜですか。あてはまる　きごうに　○を　つけましょう。

ア　太郎が　こわい　かおを　していたから。
イ　太郎が　さかなを　つっていたから。
ウ　太郎が　とつぜん　こえを　かけてきたから。

11…1

ものがたりを　よんでみよう　れんしゅう①

つぎの　文しょうを　よんで、あとの　もんだいに　こたえましょう。

ある　あさの　ことです。もう　すぐ、森の学校の　じゅぎょうが　はじまろうと　しているのに、ビッキーが　まだ　きていません。

「きっと、また　ねぼうしたんだよ。」

フクちゃんが　わらいながら　いいました。

その　とき、きょうしつの　とびらが　あいて　ビッキーが　入ってきました。手に　きいろい　小さな　とりを　もっていました。

「かわいい！　その　とり　どうしたの。」

みんなが　ビッキーを　かこんで　ききました。

「みちを　ひよこひよこ　あるいていたんだ。まい子みたいだよ。」

ものがたりを　よむ　ときは　いつ　どこの　はなしか、出てくる　人の　はなしている　ことばや　うごきから　どんな　気もちか　かんがえながら　よみましょう。

1 この　おはなしは　どこで　おきた　おはなしですか。

2 ビッキーが　もっていたのは　なにですか。

「ピヨピヨ。」
小さな　とりは　こころぼそそうです。
「かわいそうに。リンゴ先生に
おねがいして　わたしたちで　せわを
しましょうよ。」
リンダが　いうと、みんなは
「そうしよう！」と　手を　あげました。
みんなの　はなしを　きいた
リンゴ先生が
「ちゃんと　せわを　するのよ。」
というと、みんなは
①ばんざいを　して
とびあがりました。
「あんパンを　たべたら
小とりも　げん気に
なるよ。」
ノンタの　ことばに
みんなは　わらいました。

---

3 小さな　とりは　どんな　ようすでしたか。
文の　中の　ことばで　かきましょう。

[　　　　　　　　　　] なようす。

4 ——①は　どんな　気もちを　あらわして
いるでしょう。あてはまる　きごうに　○を
つけましょう。

ア 小とりの　せわを　しないと
いけないので　がっかりしている。

イ 小とりと　いっしょに　いられるので
よろこんでいる。

ウ 小とりが　大きく　なるのを
たのしみにしている。

ものがたりを よんでみよう れんしゅう②

つぎの 文しょうを よんで、あとの もんだいに こたえましょう。

（まえの ページの つづきです。）

それから 小とりは 「ピッピ」と 名づけられて 森の学校に すむ ことに なり、みんなは まい日 小とりの せわを しました。とくに 小とりを 見つけてきた ビッキーは ピッピを とても かわいがりました。

「この 小とりさん とべないのね。」

ミミちゃんは、じめんを ちょこちょこ あるく 小とりを 見て いいました。

そんな ある日、ピッピが いなくなりました。

「たいへんだ。また、まいごに なっちゃう。」

みんなの かおが 青くなりました。

1 ピッピを とても かわいがったのは だれですか。

2 ——②で、リンゴ先生が だいじょうぶと いったのは なぜですか。あてはまる きごうに ○を つけましょう。

ア 小とりは 白い 大きな とりに なるから。

イ まい子に なっても よそでも 生きていけるから。

ウ まい子に ならない まほうを かけたから。

すると、リンゴ先生(せんせい)が
「②だいじょうぶ。また かえってきます。
まいごに ならない まほうを かけて
おいたからね。」
と、いったので みんなは ほっとしました。
そして、一月(ひとつき)が たったころ 白(しろ)い
大(おお)きな とりが 森(もり)の学校(がっこう)に
やってきました。
「だれだろう？」
みんなが ③くびを かしげていると
その とりは ビッキーを めがけて
はしってきました。
「ピッピ！」
そうです。ピッピは ひよこだったのです。
そして、にわとりに なって
かえってきたのです。ビッキーは ④ピッピを
ぎゅっと だきしめました。

---

3 ――③は どんな 気(き)もちを あらわして いるでしょう。あてはまる きごうに ○を つけましょう。

ア ふしぎがっている。
イ おどろいている。
ウ よろこんでいる。

4 ――④で、ビッキーが ピッピを だきしめたのは なぜですか。あてはまる きごうに ○を つけましょう。

ア ピッピが もう にげないように するため。
イ ピッピが かえってきて うれしかったから。
ウ ピッピを じぶんだけの ものに したかったから。

11…2

せつめい文(ぶん)を　よんでみよう

れんしゅう①

つぎの　文(ぶん)しょうを　よんで、あとの　もんだいに　こたえましょう。

かみに　えんぴつで　かいた　字(じ)や　えは、けしゴムで　けす　ことが　できます。それは　なぜでしょう。

かみの　上(うえ)で　えんぴつを　うごかすと、えんぴつの　しんの　中(なか)に　ある　とても　小(ちい)さな　くろい　つぶが　かみに　つきます。

えんぴつで　かいた　せんを　けしゴムで　こすると、けしゴムは　この　小(ちい)さな　くろい　つぶを　ぴたっと　くっつけて、はがす　ことが　できます。それで、せんが　きえるのです。

では、いろえんぴつで　かいた　せんが

せつめい文(ぶん)は　いろいろな　ものごとに　ついて　せつめいした　文(ぶん)しょうです。まず、なにに　ついて　かかれているのか　よみとりましょう。

1　この　文(ぶん)しょうは　なにに　ついて　かかれていますか。

［　　　　］と［　　　　］

2　えんぴつで　かくと　くろい　せんが　みえるのは　なぜですか。

しんの　中(なか)の　小(ちい)さな　くろい　つぶが

けしゴムで　けしにくいのは　なぜでしょう。いろえんぴつの　しんの　中に　ある　つぶは　かみの　ひょうめんに　つくだけで　なく、かみに　しみこんでしまいます。それで、けしゴムでは　つぶを　はがせないのです。

むかし、日本では　ふでで　字を　かいて　いましたが、めいじに　なって　学校で　えんぴつと　けしゴムを　つかうように　なったため、日本中に　えんぴつと　けしゴムが　ひろまりました。

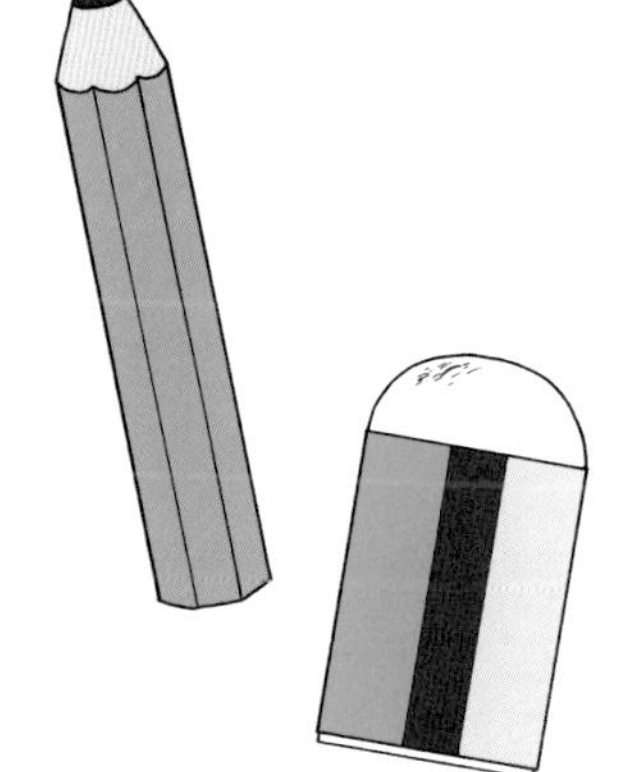

3 けしゴムで　字や　えを　けす　ことが　できるのは　なぜですか。

[　　　　　　　　] から。

[　　　　　　　　] を

[　　　　　　　　] ことができるから。

4 えんぴつと　けしゴムが　日本中に　ひろがったのは　いつですか。

[　　　　　　　　]

11…2 せつめい文を よんでみよう れんしゅう②

つぎの 文しょうを よんで、あとの もんだいに こたえましょう。

おおくの 小学生が ランドセルに ぶんぼうぐや きょうかしょを 入れて 学校に かよっています。では、いつから ランドセルが つかわれるように なったのでしょうか。

めいじと いう じだいに、あるいて 学校に かよう ことに なった ため、「はいのう」と よばれる リュックサックのような かばんを せおうように なりました。はいのうは オランダの ことばで 「ランセル」と いいます。そこから 「ランドセル」と よばれるように なり、

---

1 この 文しょうは なにに ついて かかれていますか。

2 「はいのう」を せおうように なったのは なぜですか。

小学生(しょうがくせい)が　もつ　かばんとして　しられるように　なりました。

では、ランドセルには　どのような　よいところが　あるのでしょう。まず、たくさんものが　入る(はい)　ことです。また、世中(なか)にせおうので　手(て)で　もつより　かるくかんじます。そして、りょう手(て)が　あくのでころんでも　けがを　しにくくなります。

このように、ランドセルは　小学生(しょうがくせい)がつかうのに　とても　よい　かばんなのです。

3 ランドセルの　もとに　なった　オランダの　ことばは　なにですか。

4 ランドセルの　よいところを　三つ(みっ)　かきましょう。

・[　　　　]が　入る。

・手(て)で　もつより[　　　　]。

・ころんだ　ときに[　　　　]。

くらべてみよう①

カブトムシだね。

足は　六本だよ。

つのが
あるわね。

みぢかな　ものに　ついて、気が　ついた　ことを　かきましょう。どんな　ものなのか、よく　わかるように　なります。

わかった　ことを
メモに
かいてみたわ。

カブトムシを　見て　気づいた　こと
・からだは　ちゃいろい。
・さわると　かたい。
・あたまに　つのが　二本。
（ながい　つのと　みじかい　つの）
・足は　六本。
・目は　小さい。

れんしゅう

ぞうの　えを　見て、気づいた　ことを　かきましょう。

どんな　ことが　わかるかな。

気づいた　こと

おうちのかたへ

このステップでは、二つのものを比べることで、それぞれの特徴をより明確にとらえる練習をします。ステップ12-1では、まず一つ一つのものについて、気づいた点を書き出すことから始めます。

くらべてみよう②

りんごと　レモンを　くらべてみましょう。

かたちは
にているけど、
いろは
ちがうよ。

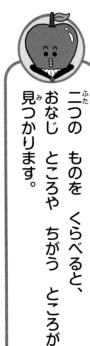

二つ（ふた）の　ものを　くらべると、おなじ　ところや　ちがう　ところが見（み）つかります。

〈気（き）づいたこと〉

りんご
・いろは　赤（あか）いろ。
・かたちは　まるい。
・じくが　ついている。
・たねを　とって　たべる。
・あまい。

レモン
・いろは　きいろ。
・まるいが、先（さき）が　とがっている。
・きって　しるを　しぼって　のみものや　りょうりに　つかう。
・すっぱい。

わかった ことを ひょうに まとめましょう。

	レモン	りんご
いろ	きいろ	赤いろ
かたち	まるくて、先が とがっている。	まるい
たべかた	しぼって、のみものに 入れる。りょうりに かける。	たねを とって そのまま たべる。
あじ	すっぱい	あまい

ひょうに まとめるには、どのように すると よいですか？

くらべる ことを きめて、ひょうに すると わかりやすいわね。

「いろ」「かたち」「たべかた」「あじ」を くらべているよ。

●おうちのかたへ●

二つのものを比較する際、表にまとめると、考えたことが整理しやすくなります。このとき、視点（何を比べるか）を先に決めておくと、相違点や共通点を見出しやすくなります。理科や社会科の学習でも大切になる力なので、基本を身につけておきましょう。

12…2

くらべてみよう②

れんしゅう①

スプーンと　フォークを　くらべます。つぎの　ひょうに　気（き）づいた　ことを　かきましょう。

	スプーン	フォーク
なにを する ものか		
先（さき）の かたち		
つかいかた		

れんしゅう②

バスと トラックを くらべます。つぎの ひょうに 気づいた ことを かきましょう。

	バス	トラック
なにの なかまか		
のれる 人の かず		
なにを する ための ものか		

13…1

りゆうと　けっかを　かんがえよう

ものごとの　正しい　りゆうと　けっかを
かんがえる　ことが　大せつです。
まちがえると　こまった　ことに　なる
ときが　あるからです。

わ〜い！

さっき　おさらを
わったのに　どうして
ビッキーは　よろこんで
いるんだろう？

おさらを　わったのが
うれしかったのかな？
へんだね。

そんな　わけ　ないわ。
なにか　りゆうが
あるのよ。

リンゴ先生が　まほうで
もとに　もどしてくれたのね。
ビッキーの　よろこんでいる
りゆうが　わかって
よかったわ。

れんしゅう①

どちらが さきに おきた ことでしょう。さきに おきた ことの ほうに ○を つけましょう。

□ リンダが ミミちゃんの ために えを かきました。

□ ミミちゃんは リンダの かいた えを かざりました。

□ フクちゃんは 山の 上で あせを ぬぐいました。

□ フクちゃんは 山を どんどん のぼりました。

おうちのかたへ

物事の原因と結果のことを因果関係といいます。因果関係はクリティカルシンキングの基礎となります。原因と結果は実際の社会では複雑にからみあっており、見誤ることがたびたび起きます。子どものころから、正しい因果関係を見抜く力をつけましょう。まずは、時間的関係をとらえます。というのも、「原因」と「結果」とでは、必ず「原因」が先に起きるからです。

13…1

りゆうと　けっかを　かんがえよう

れんしゅう②

どちらが　りゆうですか。りゆうの　ほうに　○を　つけましょう。

□ なつに　大きな　ヒマワリの　花が　さきました。

□ リンダは　ヒマワリの　めが　出てから　まい日　水を　やっていました。

□ ビッキーは　木に　カブトムシの　すきな　みつを　ぬりました。

□ ビッキーは　カブトムシを　つかまえる　ことが　できました。

れんしゅう③

「？」で　なにが　おきたと　かんがえられますか。かんがえられる
ものに　○を　つけましょう。（○は　一つと　かぎりません。）

たのしそうに　バスで
でかけているね。

①ちかくで　火山が　ふんかした。
②あたらしい　どうぶつえんが　できた。
③リンダの　ぐあいが　わるくなった。

クリスマスツリーが
たおれちゃった。

①ビッキーが　ツリーに　ぶつかった。
②ツリーの　かざりを　ひっぱった。
③うたの　へたな　ノンタが
「赤はなの　トナカイ」を　うたった。

おうちのかたへ

ここでは、原因を考える練習をします。まずは、「原因」と「結果」のどちらであるのか判断します。次に、起きたことに対する正しい理由を考えます。原因を考えることで次への対策につながります。また、科学分野においても「原因」を考える能力が必要とされるので、今から練習をしておきましょう。

13…1 りゆうと けっかを かんがえよう

れんしゅう④

「?」で なにが おきたと かんがえられますか。いろいろな こたえを かんがえてみましょう。

?

ミミちゃんが 花たばを もっているね。

?

ビッキーが あさ おそくに おきたよ。

れんしゅう⑤

「?」で　なにが　おきると　かんがえられますか。かんがえられる　ものに　○を　つけましょう。（○は　一つと　かぎりません。）

ノンタが　ラーメンを　三ばいも　たべたよ。

?

① ノンタの　おなかが　いっぱいに　なる。
② ノンタが　二はいめの　おかわりを　する。
③ ラーメンの　りょうが　どんどん　ふえる。

フクちゃんが　さむい　へやに　いるよ。

?

① フクちゃんが　かぜを　ひく。
② フクちゃんが　こおりに　なる。
③ フクちゃんが　へやから　出ていく。

おうちのかたへ

最後は結果を考える練習をします。結果を予測する能力は、これから生きていく上で大事な力となります。予想する力があれば、事前に対処を考えることができるし、あらゆる場面でどうするとよいのか、行動を選択することができるようになります。

13…2

あいだの文を かんがえよう

れんしゅう

まん中の「？」で、なにが おきたと かんがえられますか。いろいろな こたえを かんがえてみましょう。

1

えんそくの ようい を して 学校に いったよ

あわてて 学校を とび出したね

2

あわてて　トイレに　とびこんでいくね

トイレから　とび出してきたよ

おうちのかたへ

三枚目の絵を見て理由を考える問題ですが、一枚目に前提条件があり、それと矛盾しない答えを考える必要があるので難易度の高い問題です。正解は一つとは限りません。どんな理由が考えられるか、一緒に話しながら考えるのもよいでしょう。

出口汪（でぐち・ひろし）

関西学院大学大学院文学研究家博士課程単位修得退学。（株）水王舎代表取締役、広島女学院大学客員教授、出口式みらい学習教室主宰。現代文講師として、入試問題を「論理」で読解するスタイルに先鞭をつけ、受験生から絶大なる支持を得る。そして、論理力を養成する画期的なプログラム「論理エンジン」を開発、多くの学校に採用されている。現在は受験界のみならず、大学・一般向けの講演や中学・高校教員の指導など、活動は多肢にわたり、教育界に次々と新規塾を打ち立てている。著書に『出口先生の頭がよくなる漢字』シリーズ、『出口のシステム現代文』、『出口式・新レベル別問題集』シリーズ、『子どもの頭がグンとよくなる！国語の力』(以上水王舎)、『日本語の練習問題』(サンマーク出版)、『出口汪の「日本の名作」が面白いほどわかる』(講談社)、『ビジネスマンのための国語力トレーニング』(日経文庫)、『源氏物語が面白いほどわかる本』(KADOKAWA)、『やりなおし高校国語：教科書で論理力・読解力を鍛える』(筑摩書房）など。

●出口式論理アカデミー
https://academy.deguchi-mirai.jp

●オフィシャルサイト
http://deguchi-hiroshi.com/

● X
@deguchihiroshi

改訂版 出口式

はじめての 論理国語 小1レベル

2024年2月10日　第1刷発行

著　者　出口　汪
発行人　出口　汪
発行所　株式会社　水王舎
大阪府豊中市南桜塚 1-12-19
電　話　080-3442-8230

装　幀　松好 那名
イラスト　設樂みな子
編集協力　石川 享
編　集　出口寿美子
印刷・製本　日新印刷

ISBN978-4-86470-200-3

http://www.suiohsha.co.jp

改訂版

出口式

はじめての論理国語

小1レベル

解答・解説

各ステップのねらいと学習目的

ステップ1 具体と抽象

「空と大地」「神と悪魔」「善と悪」「人、たとえば男と女」「方向、たとえば右と左」「感情、たとえば好きと嫌い」といったように、私たちは「イコールの関係」と「対立関係」を使って、世界を整理しています。

このように言葉による整理の仕方にこそ、論理の出発点があるのです。

本書では、まず「イコールの関係」から始めます。「イコールの関係」とは、具体と抽象の関係です。

この抽象という頭の使い方は論理にとって最も大切なもののひとつです。しかし、低学年の子どもにとっては、理解が困難な概念でもあります。そこで、本書では仲間分け遊びから、抽象概念の習得に結びつく学習ができるように工夫しました。

ステップ2 対立関係

私たちは世界を「イコールの関係」と「対立関係」で整理しているのでしたね。そこで、今度は「対立関係」の基礎を学習します。

まだ「対比」や「逆接」を使った問題は理解が困難なので、ここでは「はんたいのことば」を意識させましょう。

ステップ3 文の要点 ～主語・述語

一つの文は要点となる言葉と飾りの言葉とで成り立っています。要点となる言葉は主語と述語、そして目的語です。目的語に当たる言葉は小学校では「修飾語」としてのみ教わりますが、本書では文の骨格を表す大事な要素として扱います。これらの要点をしっかりと意識することで、複雑な文も簡単に読み取ることができるし、正確な一文も作成することができるようになるからです。

ステップ4 文の構造を理解する

一文の要点をつかまえる練習を徹底的にしましょう。一文には要点となる主語と述語、目的語があります。その中でもとくに重要なのは述語です。そして、主語は省略されることの方が多いです。

述語には、次の三つのパターンがあります。

①「どうする」…リンダは勉強する。
②「どんなだ」…ミミちゃんはかわいい。
③「なんだ」…フクちゃんは男の子だ。

本書では無理なく三つの述語がマスターできるように、色と形を使ったオリジナルの問題を多数設けました。

ステップ5 作文の基本

選択肢の中から言葉を選んで、簡単な一文を作成する練習です。

今まで学習した主語と述語、目的語を意識して、正確な文を作ってみましょう。

一文が集まって段落が構成され、段落が集まって文章全体ができあがります。どんな文章でも一文の集まりにすぎないので、まず一文を正確に把握することが重要なのです。

また国語だけでなく、将来英語や古文を学習する際にも、正確な現代語訳ができるようになるためには、一文の作成能力が問われることになります。

ステップ6 形容詞

形容詞の働きを学習しましょう。

形容詞とは、名詞を修飾する言葉のことです。

たとえば、「赤い花」「大きい箱」「かわいい犬」では、「赤い」「大きい」「かわいい」が形容詞で、それぞれ「花」「箱」「犬」といった名詞を修飾しています。

では、なぜ名詞には形容詞がつくのでしょうか?

名詞は固有名詞以外は、基本的に抽象概念なのです。

たとえば、あなたが花の種を買ってきて、花が咲くのを楽しみにして毎日水をやったとしましょう。そしてある朝、初めて赤い花が咲いたのを見た……。そのときの感動を「花が咲いた」と言ったところで、実は何一つ表現されていないのです。そこで、「私が毎日水をやり続けた、鉢植えの赤い花」などと、説明の言葉を加えることで、抽象概念をより具体的なものへと固定しなければなりません。このように形容詞は名詞を具体的に固定するための大切な品詞なのです。

ステップ7 助詞

本書では、付属語である助動詞、助詞のうち、助詞を扱います。

助詞は自立語に付いて、意味上不自然にならない程度の最小限の単位である文節を作ります。

実際の文章には助詞が多数使われているので、この使われ方を意識することにより、文法的な思考力養成のきっかけをつかみます。もしも助詞がなければ、言葉はバラバラで、文が成立しないことを理解することが最初の目的です。

ステップ8 接続語の記号問題

ここまでは一文の論理構造を理解し、その上で正確な一文を作成する練習をしてきました。ここからは文と文との論理的関係を読み取っていきます。

接続語問題が苦手な人は、何となく文章を読んで、論理ではなく語感から空欄に合いそうな言葉を当てはめるという解き方をしています。空所前後の二つの文の関係をきちんと把握してから、それに符合する適切な接続語を埋めていかないと、いつまでも合ったり間違ったりを繰り返してしまうでしょう。

接続語は、実は論理の要です。この文と文との関係は、論理関係で言えば「因果関係＝順接（だから・なぜなら）」「対立関係＝逆接（しかし）」「イコールの関係＝例示（たとえば）・言い換え（つまり）」に対応しています。

本書では接続語学習についても新たな提案をしています。すなわち、接続語を覚える前に、前文と後文の意味関係を記号として把握する訓練をすることで、語感ではなく意味で確実に二文の論理的関係をつかめるようにしました。

ステップ9 5W1H

短いですが、初めてまとまった文章を読んでいきます。

子どもたちに何かを描写させると、おそらく思いつくままに言葉を発するでしょう。しかし、それだけでは相手にうまく伝わりません。

そこで、頭の中で整理してから、それを言葉にする必要があります。これによって、初めてわかりやすい描写が可能になるのです

その整理の仕方に5W1Hがあります。5W1Hとは、who（誰が）what（何を）when（いつ）where（どこで）why（なぜ）how（どのように）のことです。これらを意識することで、わかりやすく、正確な描写ができるようになります。

まだ5W1Hといった言葉を教える必要はありませんが、日常会話の中で「いつ?」「どこで?」などの発問を積極的に投げかけることで、少しずつ5W1Hを意識した話ができるように導いてあげてください。

ステップ10 心情理解

ステップ10は心情問題の基礎的訓練です。

物語文では、設問で登場人物の心情を答えさせるものがほとんどです。登場人物の心情が設問となるのは、問題文中に心情を表す根拠があるからです。まずは、根拠となるオノマトペや、動作、セリフの心情を読み取る練習をします。

ステップ11 読解問題

いよいよ、まとまった文章を読んでいきます。

最初が肝心になるのですが、主観的な解釈をするのではなく、まず文章を正確に読み取る訓練をしていきます。その上で、「どう思うのか」「どう考えるのか」につなげます。誤読をした上でいくら考えても、それは妄想にすぎません。

物語文の場合、どれだけ問題を解いても、なかなか安定して正解を導くことができない子どももいます。それは、登場人物の心情を問われているのに、文章を読むときに無意識に感情移入して自分に置き換えて答えてしまうからです。必ず文中に根拠を求めることを、今のうちから意識するようにします。

説明文の場合は、まずは身近なものに関心を持ち、そこから「考える力」を養成していきます。鉛筆や消しゴム、ランドセルなど、日常使っているものに対して、「なぜ」という疑問を抱くことが、思考力養成の第一歩なのです。

また、これまでに学んだことを駆使して長い文章を読んでいくので、総合練習にもなっています。

ステップ12 比較問題

「物語文」「説明文」を読む練習の次に、正しく考える力を養成しましょう。正しく考えるとは、テキストを正確に読み取り、そこから得た情報を論理的に整理し、物事を様々な視点からとらえることです。その最終到着点がクリティカルシンキングやメディアリテラシーなのです。

「比較」はその第一歩です。物事を単独で見るのではなく、様々なものと比較することで、その物事の本質が明らかになってきます。まずは二つの事柄を比較し、何が同じで、何が異なるかを把握します。こうした論理的思考が、次の、因果関係を中心としたクリティカルシンキングにつながっていくのです。

ステップ13 クリティカル・シンキングの基礎

クリティカル・シンキングとは、誰かの言葉を鵜呑みにせず、自らの頭で物事を深く分析して多角的に捉え、最適の解決策を導きだす生きた思考力と定義することができます。

国語の問題は、筆者の書いた文章を読み取るといった、ある意味紙面の上にすべての答えが明示されている、閉ざされた世界の試験です。筆者の立てた筋道（論理）を追っていくことで、確実にたったひとつの正解にたどり着くことができます。（実際には、今でもそれを理解していない指導者や子どもたちが多いのですが）。

ところが、現実社会では情報が目の前にすべて開示されている場面はほとんどありません。解釈・意思決定の前提となる状況を、自分の力で推測して捉えなければならない場面が多いのです。

ときには情報自体が誤りであったり、読み手を洗脳するものであったりする可能性もあるのです。さらには、情報の背後にもっと大切な真実（たとえば情報発信者の思惑など）が意図的に隠されている場合もあります。

そこで、本書では正解がひとつとは限らない問題を、じっくりと多角的に考えて解かせることをしています。そのとき大きな力となる武器は論理的思考です。

なお、クリティカル・シンキングにおいて、もっとも必要な論理力は何でしょう。

・問題となっている状況を正確に分析する場面

現実社会で、前提となる状況がすべて明かされていることはほとんどないので、隠れている背景（原因）を推測する力

・多角的に物事を考え最適の解決を導きだす場面

「こうすればこのように解決するのではないか」と、良い解決（結果）を導くための仮説を立てる力

これらはまさに因果関係の力なのです。

そのため、小1レベルでは因果関係力を鍛えるための練習問題を課しています。

ステップ 1
1…1
なかまの ことば
具体と抽象
●読む力 ●書く力 ●話す力
わたしたちは、ことばで せかいを せいりしています。はじめに「なかまに なることば」で せいりしてみましょう。
わあ、いろいろな お花が あるわね！
Flower Shop
バラ
あじさい
じょうろ
ゆり
チューリップ
バラは なかまに ならないよ。ぼくは、バラは とげが あって きらいなんだ。
じょうろの ほかは、みんな 花よ。でも、じょうろは 花じゃないから、なかまとは いえないわね。
でも、この 中には なかまに ならない ものが あるね。
花
バラ
ゆり あじさい
チューリップ じょうろ
19
18

ステップ 1…1 なかまの ことば

学習のねらい

抽象とは個々別々の事柄から共通点を抜き取ったものです。

たとえば、「太郎君」「次郎君」「三郎君」の共通点は「男」です。そこで、「太郎君」に対して、「男」は抽象であり、「男」に対して「太郎君」は具体だと言うことができます。

問題は「花」という抽象概念から、「あじさい」「チューリップ」「バラ」「ゆり」と個々の具体的なものを把握する訓練です。もちろん、「じょうろ」だけが「花」という概念に当てはまりません。

本誌では低学年の子どものために、抽象を「まとめることば」、それに対する具体を一括して「なかまのことば」として扱っています。実際は言葉の習得の際に、アジサイやバラは花の種類として教えられるので、タグが付いたような感じで簡単に分類できたことと思いますが、ときには仲間分けの際、チューリップやバラに共通する点を根本的に考えさせる作業をさせてみるのも「花とは何か」という概念の理解、ひいては抽象の理解が進むことでしょう。

花は咲くもの、じょうろは咲かない。

花は生きている、じょうろは生きていない。

など、それぞれの花の共通点や、じょうろとの相違点を考えさせてください。

れんしゅう

「のりもの」「がっき」と最初に共通するものが提示されています。そこから、その具体的なものを考え、それに当てはまらないものを答えます。抽象から具体を想起する頭の使い方をするのですが、実はこれは演繹法という論理的思考の第一歩なのです。

1「のりもの」でないものを選ぶのですが、そのためには「じてんしゃ」「くるま」「でんしゃ」「ひこうき」の共通点が理解できていなければいけません。

2ここでもタグとしての「がっき」ではなく、「がっき」という抽象概念が理解できているかどうかを少し考えさせてみてください。演奏するもの、音が出るもの……いろいろな表現で子どもたちはそれぞれの楽器の特徴をあらわすことでしょう。そして仲間ではない「ふでばこ」に対しても、「ふでばこは音を出すものじゃないよね」と共通点である抽象の視点から見て、もう一度整理してあげるのです。

ステップ 1
1…2
まとめる ことば
つくえの 上に いろいろな ものが のっているよ。
なかまに なった ことばたちを、まとめて あらわす ことばを みつけましょう！
みんな 学校で つかう ものだね。
でも、なかまでは ない ものが ありますよ。
NoTE
右の えを つぎの 文に あらわしたよ。まとめる ことばが どんな ものか わかったかな。
これは 文ぼうぐの なかまです。
なかまに ならないのは スプーンです。
わかった！ えんぴつ、ノート、けしゴム、はさみ……まとめると、文ぼうぐだ。
スプーンは 文ぼうぐでは ないから、なかまじゃ ないのね。
「〇〇の なかま」は、なかまに なった ことばたちを まとめる ことばに なるんだね。
具体と抽象
●読む力 ●書く力 ●話す力
22
23

ステップ 1…2 まとめる ことば

学習のねらい

前問は抽象から具体を求める問題でした。

今回は、その逆で、具体から抽象を求める訓練です。こうした頭の働きを帰納法と言います。

学年が進むにつれ、しだいに難解な文章を読むことになるのですが、抽象的な概念が述べられた文を読んだ際、脳裏にその具体例を浮かべることができるかどうかで、本当に理解できているかどうか判断できるとも言えるのです。

さて、リンゴが木から落ちる、天体の動き、振り子の運動など、個々異なる現象（具体）に対して、ニュートンが「すべての物と物とが引っ張り合う」といった万有引力の法則（抽象）を発見できたのは、実はこの「具体→抽象」といった帰納的な頭の働き方ができたからなのです。

本問は小学一年レベルの問題ですから、そのような大それたことではありませんが、「イコールの関係」という論理の構造には何ら変わりがありません。

「まとめることば」は抽象概念のことです。

「はさみ」「けしゴム」「じょうぎ」「ノート」「えんぴつ」（具体）をまとめると、「文ぼうぐ」（抽象）となります。「スプーン」だけが、この仲間に入りません。

ステップ 1
1-2
まとめる ことば れんしゅう
つぎの 五つの うち、四つは なかまの ことばです。一つは なかまに ならない ことばです。「なんの なかま」と、なかまに ならない ことばを かきましょう。
1
キャベツ きゅうり
たまご トマト
にんじん
これは やさい の なかまです。
なかまに ならないのは たまご です。
ひとつひとつの ことばが、どんな ものか おもいだして みましょう。
2
水えい スケート
やきゅう かるた
サッカー
これは スポーツ の なかまです。
なかまに ならないのは かるた です。
水えい、スケート、やきゅう……。なにを する ことか、まとめると いいんだね。
具体と抽象
●読む力 ●書く力 ●話す力
24
25

れんしゅう

1 「キャベツ」「きゅうり」「トマト」「にんじん」が「やさい」の仲間です。もしかすると、「たまご」も食べられるので、「食べ物」で分けようとした子どもは戸惑うかもしれません。そのときは、必ずひとつは仲間にならないものがあることを説明して、再度挑戦させてください。

2 「すいえい」「スケート」「やきゅう」「サッカー」……これらはスポーツですね。これに対して「かるた」は畳の上で行うゲームです。スポーツという言葉でなくてもかまいません。「体を動かすこと」ということばで共通点を子どもが自分の頭で発見した場合も、大したものだとほめてあげてください。「かるた」は確かに手も動かしますが、やはり頭の勝負です。

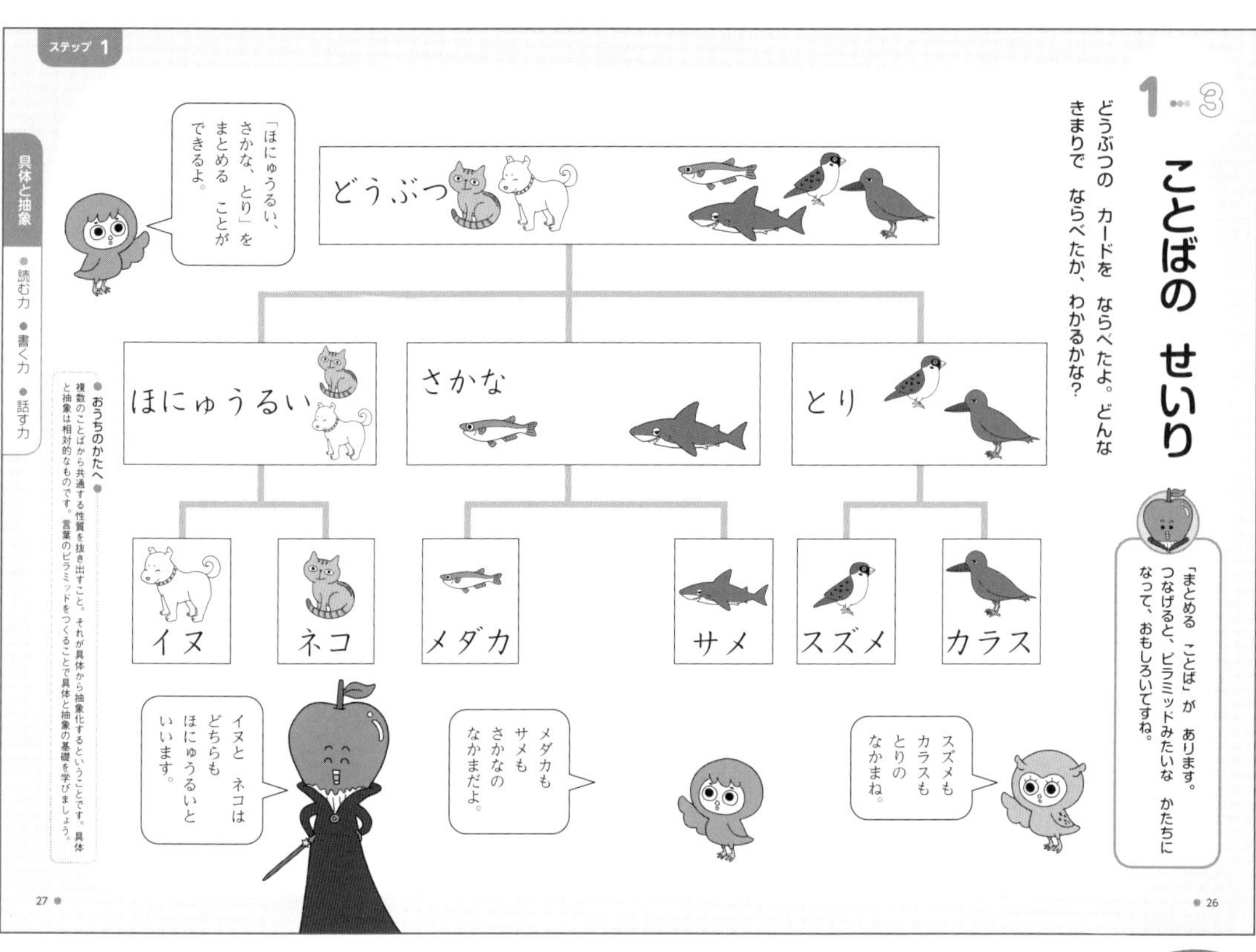

ステップ 1
1…3
ことばの せいり
どうぶつの カードを ならべたよ。どんな きまりで ならべたか、わかるかな？
どうぶつ
ほにゅうるい
さかな
とり
イヌ
ネコ
メダカ
サメ
スズメ
カラス
「ほにゅうるい、さかな、とり」を まとめる ことが できるよ。
「まとめる ことば」が あります。つなげると、ピラミッドみたいな かたちに なって、おもしろいですね。
イヌと ネコは どちらも ほにゅうるいと いいます。
メダカも サメも さかなの なかまだよ。
スズメも カラスも とりの なかまね。
具体と抽象
●読む力 ●書く力 ●話す力
●おうちのかたへ●
複数のことばから共通する性質を抜き出すこと。それが具体から抽象化するということです。具体と抽象は相対的なものです。言葉のピラミッドをつくることで具体と抽象の基礎を学びましょう。
27
26

ステップ 1…3

ことばの せいり

学習のねらい

「イコールの関係」の最後は、「ことばのせいり」です。

私たちは外界の情報や世界を言葉で整理し、そこから、思考を出発させているのです。

ここで理解してほしいことは、具体と抽象の関係はあくまで相対的であるということです。

たとえば、「太郎君」が具体ならば、「男」はそれに対して抽象です。しかし、「人間」に対して「男」は具体となります。その「人間」でも、「生物」に対しては具体となるのです。

つまり、具体・抽象というのは、何かと比べて初めて成立する概念なのです。

みなさんは学生の頃、国語のテストで、「具体的なものを抜き出しなさい」という問題が出たことを覚えているでしょうか。この問い方には、「該当箇所が複数あるので、その中で相対的に具体的なものを答えにせよ」という意味があったのです。

もっともこうした概念を理解するのはまだ小学一年生では困難です。

本問は具体・抽象の言葉のピラミッドを作成させることによって、具体・抽象には幾層もの階層があり、相対的な言葉であることを体感的に経験させることが狙いです。

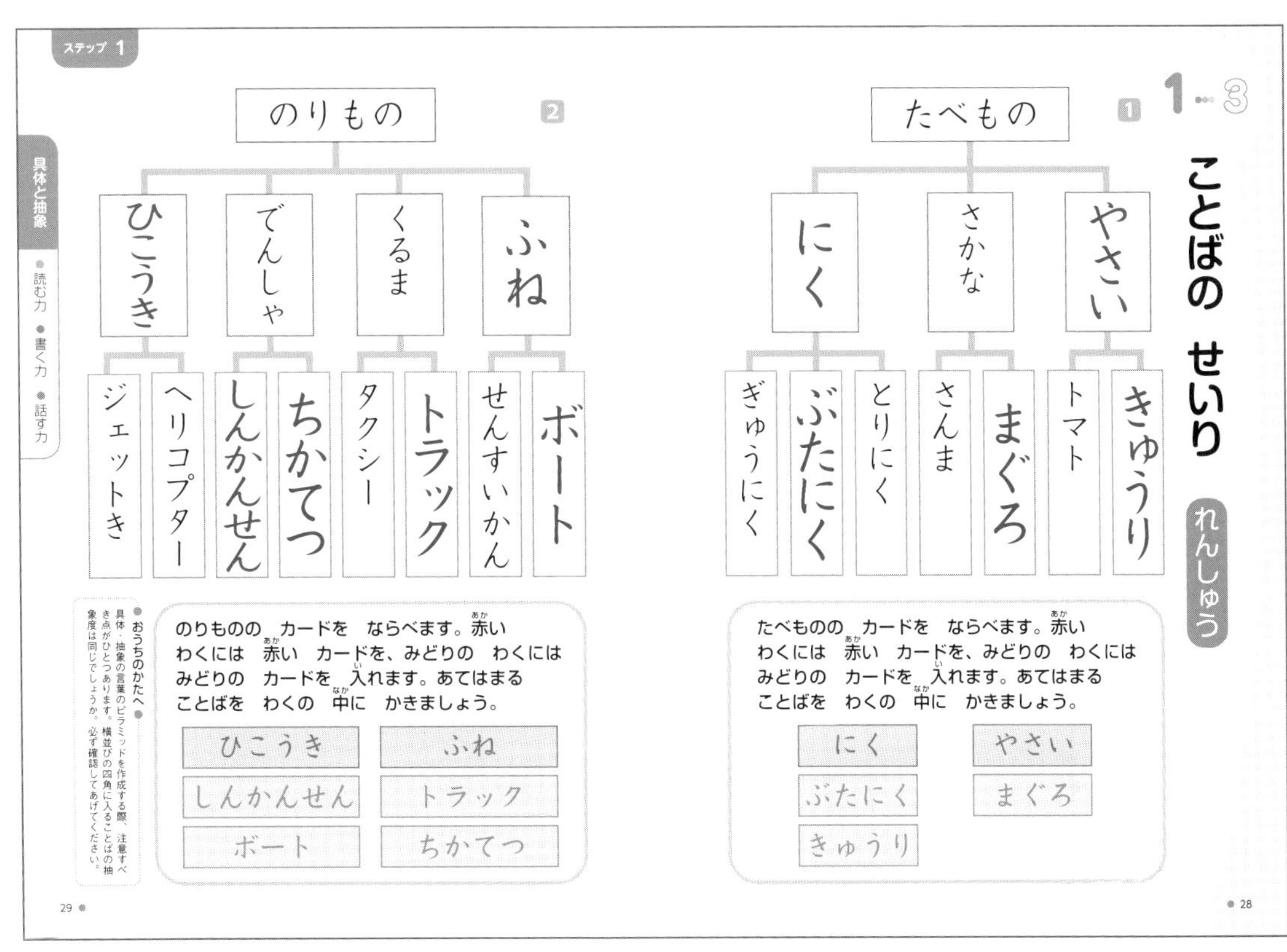

1-3

ことばの せいり

れんしゅう

1

たべもの

やさい　さかな　にく

きゅうり　トマト　まぐろ　さんま　とりにく　ぶたにく　ぎゅうにく

たべものの カードを ならべます。赤い わくには 赤い カードを、みどりの わくには みどりの カードを 入れます。あてはまる ことばを わくの 中に かきましょう。

にく　ぶたにく　きゅうり　やさい　まぐろ

28

ステップ 1

具体と抽象

● 読む力 ● 書く力 ● 話す力

2

のりもの

ふね　くるま　でんしゃ　ひこうき

ボート　せんすいかん　トラック　タクシー　ちかてつ　しんかんせん　ヘリコプター　ジェットき

のりものの カードを ならべます。赤い わくには 赤い カードを、みどりの わくには みどりの カードを 入れます。あてはまる ことばを わくの 中に かきましょう。

ひこうき　ふね　しんかんせん　トラック　ボート　ちかてつ

● おうちのかたへ ●
具体・抽象の言葉のピラミッドを作成する際、注意すべき点がひとつあります。横並びの四角に入ることばの抽象度は同じでしょうか。必ず確認してあげてください。

29

れんしゅう

言葉のピラミッドを作成することによって、言葉には抽象度の違いによって異なる名前がついていることを理解させます。もちろん、この段階ではまだ何となくといった程度で十分です。

なぜなら、本書は論理という言葉の法則を、手を変え品を変えて繰り返し学んでいくからです。学年が進むにつれて徐々に難しくなっていきますが、やがて子どもはそのどこかで以前学習したことの深い意味に気がつくことになります。

1 緑のカードの抽象度を高めると、赤のカードである「にく」「やさい」になります。さらに抽象度を高めると、「たべもの」になります。

2 緑のカードの抽象度を高めると、赤のカードである「ひこうき」「ふね」となります。さらに抽象度を高めると、「のりもの」になります。

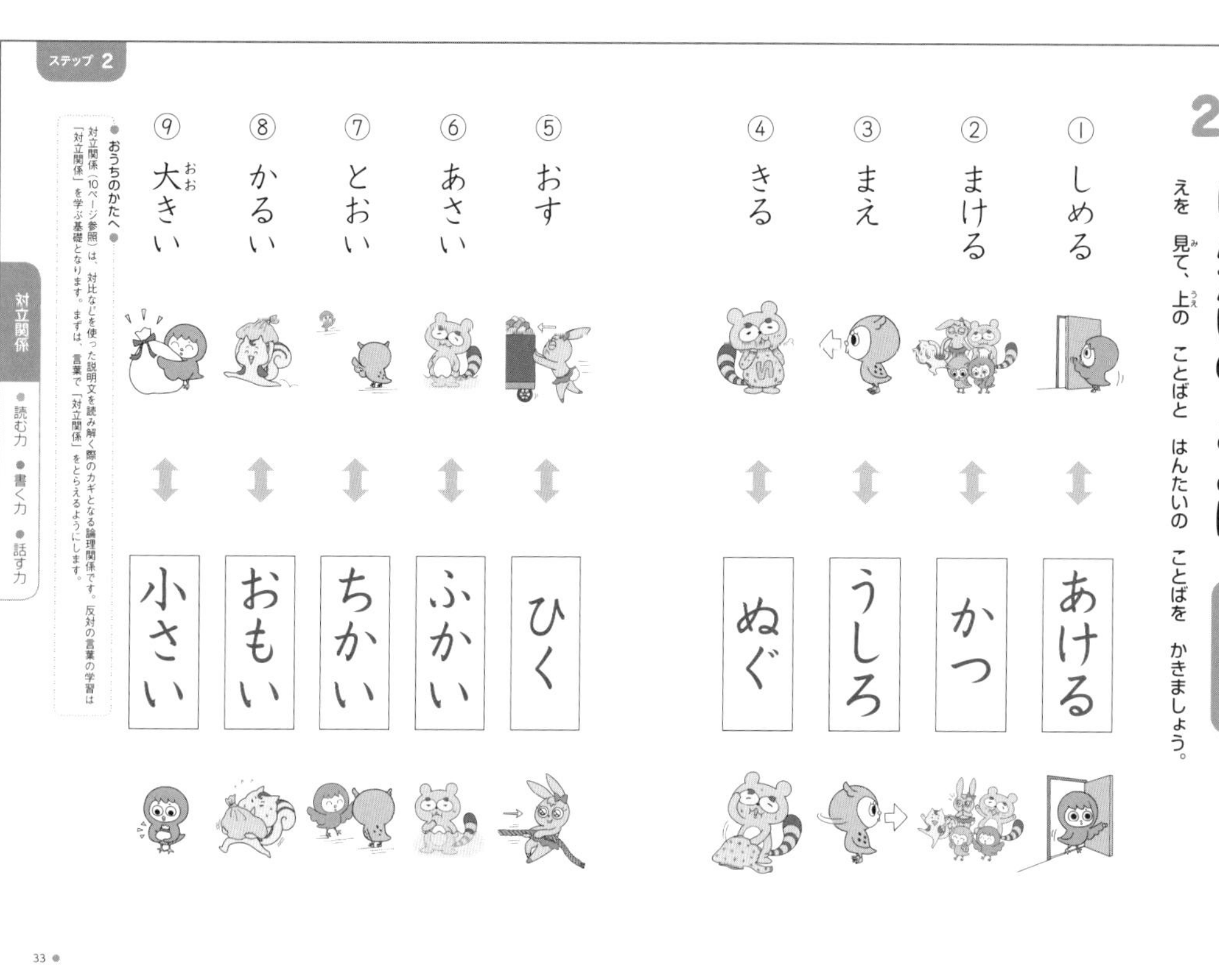

2…1 はんたいの ことば れんしゅう

えを 見て、上の ことばと はんたいの ことばを かきましょう。

① しめる ↔ あける
② まける ↔ かつ
③ まえ ↔ うしろ
④ きる ↔ ぬぐ
⑤ おす ↔ ひく
⑥ あさい ↔ ふかい
⑦ とおい ↔ ちかい
⑧ かるい ↔ おもい
⑨ 大きい ↔ 小さい

●おうちのかたへ●
対立関係（10ページ参照）は、対比などを使った説明文を読み解く際のカギとなる論理関係です。反対の言葉の学習は「対立関係」を学ぶ基礎となります。まずは、言葉で「対立関係」をとらえるようにします。

ステップ2　対立関係　●読む力　●書く力　●話す力

32　33

ステップ 2…1 はんたいの ことば

学習のねらい

小学一年レベルで「はんたいのことば」を思い浮かべるのは、もしかすると難しいかもしれません。最初は、手伝ってあげてください。

子どもは一度わかると、面白がって次々と「はんたいのことば」を思いつくものです。

「空と大地」「空と海」「上と下」「白と黒」「男と女」「暑いと寒い」「長いと短い」「甘いと辛い」「好きと嫌い」「正しいと間違い」「善と悪」など、世界は「対立関係」で整理できるものがたくさんあります。

言葉を覚える際は、同時にこのような整理の仕方も覚えましょう。

れんしゅう

「はんたいのことば」を考えることは、子どもの頭の使い方を徐々に変えていくことにつながります。身の回りのものでも、すぐに「はんたいのことば」が浮かんでくるようになったならしめたものです。

このように具体と抽象、対立関係で世界を整理することが、論理的思考の第一歩となるのです。

ステップ 3…1 なにが　どうする①

学習のねらい

子どもたちは普段単語だけで会話をしがちです。たとえば、お腹がすいたならお母さんに向かって「ごはん！」、喉が渇いたら「ジュース！」で通じると思いがちです。家族や親しい間柄ならば、その場の状況で何となく理解することができますが、社会に出たなら、異なる背景を持つ相手ばかりですので、理解されるとは限りません。ましてやこれから到来するグローバル化の時代、異なる文化圏で育った他民族に対し、そうした日本人特有の感覚はまったく通じないことでしょう。

そこで、きちんと相手に言いたいことが伝わるように「私はご飯が食べたい」「私はジュースが飲みたい」と、主語と述語を省略しないように今から気をつけさせるようにしてください。また、そうすることで初めて正確な一文を書くことができるようになるのです。

本問では「だれが」「なにが」と、主語を意識しましょう。ここでも述語から考えます。「ないている」のは、絵を見ると、「ネコが」だとわかります。

れんしゅう

選択肢から主語を選ぶのですが、ここでも述語から考えます。

①「なっている」のは何かというと、絵から「でんわが」だとわかります。

②「たべました」のは誰（何）かというと、絵から「リスが」だとわかります。

ステップ 3

3-2

なにが どうする②

文の 中で、とても たいせつな やくわりを しているのが、「どうする」を あらわす ことばです。

あ、フクちゃん。
フクちゃんが どうしたの？
「どうする」の ことばは どれかしら？

（だれが）フクちゃんは
プールで （どうする）およぎました。

この 文の 「どうする」は 「およぎました」ですね。

36

れんしゅう

えを 見て 文を つくります。□に あてはまる ことばを □の ことばから えらんで かきましょう。

①（だれが）ぼくは おりがみを （どうする）おりました。

ことば　みました・たてました・おりました

②（なにが）月が きれいに （どうする）みえます。

ことば　みえます・きこえます・とおります

●おうちのかたへ●
日本語の特性上、一文で最も大切なポイントは述語に表れます。述語をつかむことは、文の要点をつかむ上で最も重要なプロセスです。

文の要点～主語・述語　●読む力　●書く力

37

ステップ 3-2 なにが　どうする②

学習のねらい

主語をつかまえるには、まず述語をおさえなければいけません。なぜなら、日本語では、前文の主語と同じ場合は、主語が省略されることの方が一般的だからです。前文と異なるときだけ、主語が明記されるのです。

まずは「どうする」に当たる言葉を探して、次に「だれが」「なにが」を探すようにしましょう。

述語（どうする）が「およぎました」で、それに対する主語（だれが）は「フクちゃんは」です。

「フクちゃんはおよぎました」が一文の要点で、それに「プールで（どこで）」が加わっています。

れんしゅう

選択肢の中から、適切な述語を選ぶ問題です。

①目的語の「おりがみを」につながる述語は「おりました」。

②主語の「月が」につながる述語は「みえます」。

3…3

だれが したのかな

つぎの 文(ぶん)を よんで、あとの もんだいに こたえましょう。

れんしゅう

ビッキーは いつも そとで あそんでいます。
ぼくは ビッキーと あそぶのが だいすきです。
いっしょに あそんでいると、
ミミちゃんが
「しゅくだい やろうよ」
と、ぼくに こえを かけてきました。

つぎの もんだいの こたえを、[　　] から えらんで かきましょう。

①いつも そとで あそんでいるのは だれですか。

ミミちゃん ・ ぼく ・ ビッキー

ビッキー

②ビッキーと あそぶのが すきなのは だれですか。

ミミちゃん ・ ぼく ・ ビッキー

ぼく

③ぼくに こえを かけたのは だれですか。

ミミちゃん ・ ぼく ・ ビッキー

ミミちゃん

●おうちのかたへ●
主語をとらえるときは、まず述語をとらえた後に、その主語を探すという手順を必ず守ってください。というのも日本語では、よく主語が省略されるからです。

文の要点～主語・述語　●読む力　●書く力

ステップ 3…3 だれが　したのかな

学習のねらい

一文は要点となる主語と述語、そして、それらを説明する飾りの言葉から成り立っています。どんなに複雑な一文でも、要点さえつかめば、簡単に理解できるのです。国語の設問になる傍線部は基本的に一文ですし、将来、英語や古文を訳すときも一文ずつ訳していきます。

その要点となる主語には「何が」「誰が」があります。ここでは、文から「誰が」に当たる主語を読み取っていくことで、主語の大切さを認識できるようにします。

れんしゅう

選択肢から「だれが」に当たる言葉を選びます。

第一文で「ビッキーはいつもそとであそんでいます。」とあります。主語は「ビッキーが」ですので、答えは「ビッキー」。

第二文で「ぼくはビッキーとあそぶのがだいすきです。」とあります。主語は「ぼくは」ですので、答えは「ぼく」。

第三文は少し複雑で、長い文です。しかし、主語と述語を読み取ると、この文の要点は「ミミちゃんが（ぼくに）こえをかけてきました」だとわかります。主語は「ミミちゃんが」ですので、答えは「ミミちゃん」。

ステップ 3
3…4
文を　かいてみよう
さつまいもを
ほりに　きたの！
たくさん　とれたね。
ここまでの「だれが、なにが、どうする」の　学しゅうで、ことばの　やくわりが　わかってきましたか？
□に　あてはまる　ことばが　わかるかな。
フクちゃんたちが　いもばたけを　ほった。

たくさんの　さつまいもが　できていた。

ミミちゃんが　五つの　さつまいもを　ほった。

三つ。

五つ。

「だれが」「なにが」や「どうする」が　文の　どこに　あてはまるか　かんがえてくださいね。

文の要点～主語・述語
●読む力　●書く力
43
42

ステップ 3…4 文を　かいてみよう

学習のねらい

一文には主語と述語、そして、目的語といった要点となる言葉が必ずあります。まずはそれをしっかりとおさえて、文を作成します。後は必要に応じて、説明（飾り）の言葉を加えます。

このような日本語の構造を無視して、ただ思いつくままに文を書こうとすると、主語と述語がねじれたり、何を言いたいのかわからない文を書いてしまいます。

日本語を学習し始める小学一年生レベルから、しっかりと日本語の構造を意識させましょう。

第一文では、「いもばたけ」とあるので、それにつながる述語が「ほった」とわかります。

第二文では、述語の「できていた」から、何ができていたかを絵から判断します。

第三文では、上の絵を見て考えます。フクちゃんが「三つ」、それに対して、ミミちゃんが「五つ」なので、五つのさつまいもをほったのはミミちゃんとわかります。

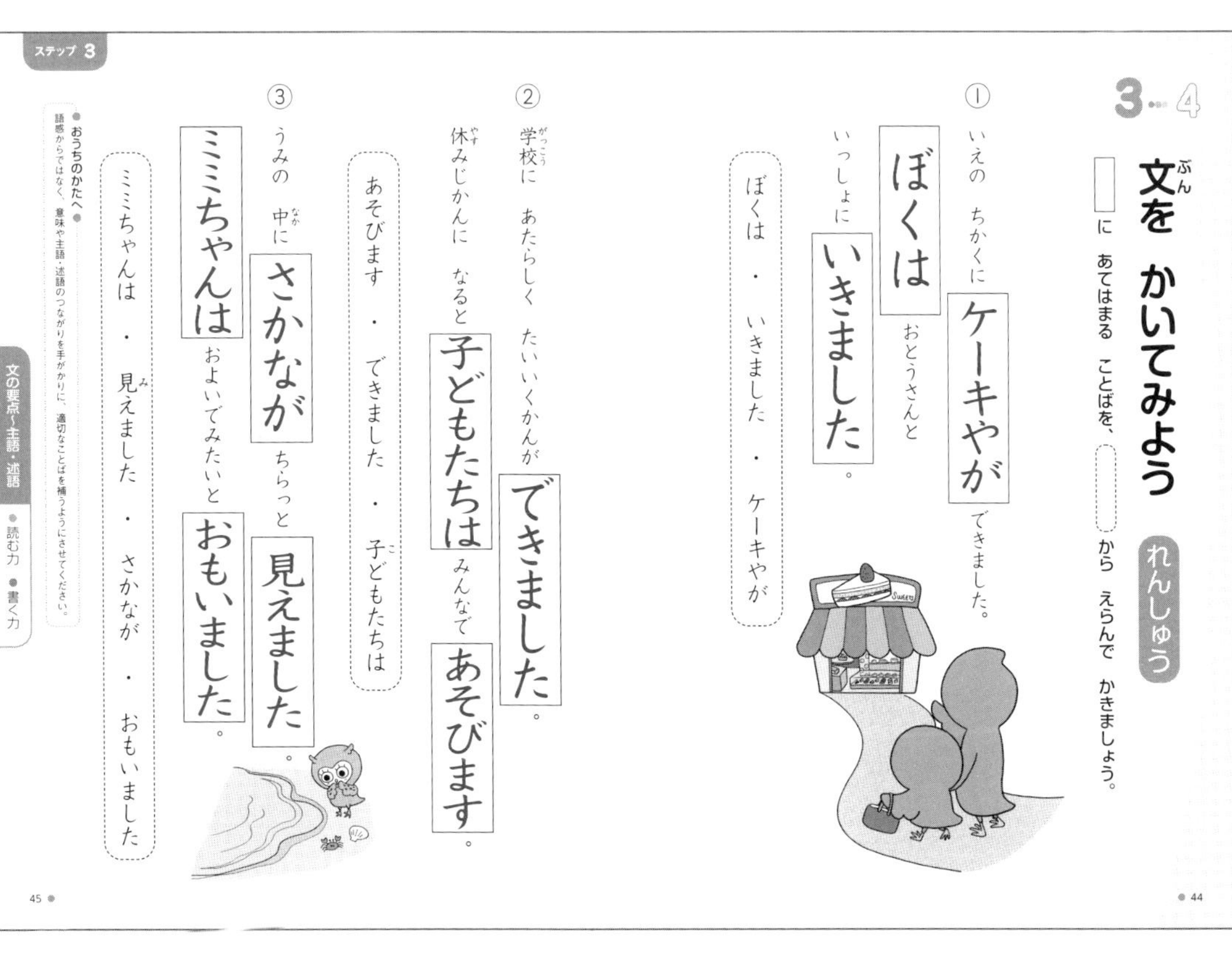

ステップ 3

3-4 文を かいてみよう れんしゅう

□に あてはまる ことばを、〔　〕から えらんで かきましょう。

① いえの ちかくに ケーキやが できました。
ぼくは おとうさんと いっしょに いきました。
〔ぼくは ・ いきました ・ ケーキやが〕

② 学校に あたらしく たいいくかんが できました。
休みじかんに なると 子どもたちは みんなで あそびます。
〔あそびます ・ できました ・ 子どもたちは〕

③ うみの 中に さかなが ちらっと 見えました。
ミミちゃんは およいでみたいと おもいました。
〔ミミちゃんは ・ 見えました ・ さかなが ・ おもいました〕

●おうちのかたへ● 語感からではなく、意味や主語・述語のつながりを手がかりに、適切なことばを補うようにさせてください。

文の要点～主語・述語　●読む力　●書く力

44　45

れんしゅう

選択肢から、主語と述語を選びましょう。

①「できました」に対して、「何が」かというと、選択肢の中では「ケーキやが」しかありません。残った選択肢は「ぼくは」と「いきました」。それぞれを空欄に当てはめると答えになります。主語となるのが「ぼくは」で、述語となるのが「いきました」なので、「ぼくは～いきました」が一文の要点です。

②主語の「たいいくかんが」に対して、述語となるのは選択肢の中では「できました」しかありません。残った選択肢は「あそびます」と「子どもたちは」ですので、主語が「子どもたちは」で、述語が「あそびます」だとわかります。

③選択肢を整理すると、「ミミちゃんは」→「おもいました」、「さかなが」→「見えました」と、主語と述語の関係が二つ成り立ちます。

なお、本解説のような頭の使い方をすることは論理的な思考の第一歩となります。

単に子どもが正解を出したかどうかではなく、どのような頭の使い方をしたのかを観察することが大切です。

4…1

かたちに　ことばを　あてはめよう
「だれが・なにが」

「だれが」を　あらわす　ことばは、文の中で　たいせつな　やくわりが　あります。　に　あてはめて、どの　ばしょに　あるのか　おぼえましょう。

ねている　。

ミミちゃんが
おきた
ひるねを

これ、なあに？

ことばのカードです。

に　あてはまる　カードは　どれか　わかりますか？

だれが　どうする
ミミちゃんが　ねている。

「ミミちゃんが」を「だれが」の　ことば、「ねている」を「どうする」の　ことばと　いうのよ。

ステップ4では「だれが（なにが）」や、「どうする」などの　ことばを　や　に　あてはめる　れんしゅうを　しよう。ことばの　やくわりが　わかるように　なるよ。

ステップ4
文の構造を理解する
●読む力　●書く力
46
47

ステップ 4…1

かたちに　ことばを　あてはめよう
「だれが・なにが」

学習のねらい

小学一年生には、主語・述語といった文法用語は抽象的すぎてなかなか頭に入りません。しかし、これまで述べてきたように主語と述語の把握なくして、論理国語の習得は決してできるものではありません。

そこで本書では低学年の児童でも親しみやすいよう、主語を赤色の◯、目的語を緑色の△、そして、述語を黄色の□に当てはめる問題からスタートします。

この出題意図は、色と記号を目印にすることによって、まずは言葉の位置・形をパターンとして認識し、直感的に要点を把握させることにあります。

ここではまず主語・述語・目的語のうち「主語」を扱います。

例題は、「ねている」という述語が与えられています。それに対する主語を選択肢から選びます。下の絵がヒントになっています。

「おきた　ねている」では、述語しかないので一文は成り立ちません。

「ひるねを　ねている」だと、文の意味が通らないので、一文は成り立ちません。

最初は、述語から、それに対応する主語を選ぶ練習をします。

ステップ 4

4-1

かたちに　ことばを　あてはめよう

「だれが・なにが」

れんしゅう

えを　見て　文を　つくります。　に　あてはまる　ことばを　あとの　ことばから　えらんで　かきましょう。

① フクちゃんが　はしる　。
ことば　フクちゃんが・おかあさんが

② ノンタが　なく　。
ことば　ノンタが・リンダが

③ ミミちゃんが　わらう　。
ことば　ミミちゃんが・おとうさんが

④ ヒマワリが　さく　。
ことば　アサガオが・ヒマワリが

⑤ ひこうきが　とぶ　。
ことば　ひこうきが・とりが

⑥ クジラが　およぐ　。
ことば　クジラが・メダカが

えを　ことばに　する　ときは、「だれが」を　かくのよ。
「どうする」に　つながる　「なにが」を　えらぶんだよ。

●おうちのかたへ●
ここでは赤い丸と主語を結びつけて覚えます。色や図形を意識すると、お子さんは覚えやすくなるのです。

文の構造を理解する　●読む力　●書く力

48　49

れんしゅう

絵を一文で表現する問題です。述語とつながる主語を、絵を見ながら選択肢から選びます。

①絵から、フクちゃんがはしっています。

②絵から、ノンタがないています。

③絵から、ミミちゃんがわらっています。

④絵から、ヒマワリがさいています。

⑤絵から、ひこうきがとんでいます。

⑥絵から、クジラがおよいでいます。

ステップ 4

4…2 かたちに ことばを あてはめよう
「どうする」

ノンタが おどる。
（だれが）（どうする）

雨が ふる。
（なにが）（どうする）

「どうする」が □に 入っているわ。

「どうする」のぶぶんを □の かたちに 入れてみたわ。これで、「だれが（なにが）、どうする」と いう 一文が できましたね。

れんしゅう
えを 見て 文を つくります。□に あてはまる ことばを あとの ことばから えらんで かきましょう。

① ミミちゃんが うたう。
ことば　うたう・なく

② リンゴ先生が はなす。
ことば　はなす・おこる

③ ビッキーが ころぶ。
ことば　ころぶ・はしる

●おうちのかたへ●
日常会話では、しばしば主語や述語が省略されます。お子さんに、「今のお話の述語は何か」「主語は何か」を問いかけてあげることは、この本の学習効果を最大に高めてくれるでしょう。

文の構造を理解する　●読む力　●書く力

50　51

ステップ 4…2 かたちに ことばを あてはめよう「どうする」

学習のねらい

今度は述語をつかむ練習です。

まずは要点となる主語と述語の二語で学習します。◯□を意識させましょう。

徐々に一文における言葉の役割が理解できてくるはずです。

述語に対応する主語がとらえられるようになったら、次は主語に当たる人（物）が何をしているのか、絵から判断して述語を考えます。

「ノンタが」何をしているのか、動作を考えます。「雨が」どうしているかというと、「ふる」です。無生物でも主語になることを認識させましょう。

れんしゅう

①絵から見て、何をしているかを考えましょう。「うたう」という動作がわかったら、それが述語だと考えます。

②絵を見て、何をしているかを考えましょう。「はなす」という動作がわかったら、それが述語だと考えます。

③絵を見て、何をしているのか、考えましょう。「ころぶ」という動作がわかったら、それが述語だと考えます。

4-3

かたちに　ことばを　あてはめよう

「なにを」

フクちゃんが　ぼうしを　かぶる。

おとうさんが　さかなを　つる。

「なにを」の　ぶぶんは、「どうする」をくわしくする　はたらきが　あるのよ。

こんどは「ぼうしを」「さかなを」が　△に　入って　いるわね。

れんしゅう　えを　見て　文を　つくります。△に　あてはまる　ことばを　かきましょう。

① ミミちゃんが　どんぐりを　あつめる。

② フクちゃんが　たいこを　たたく。

③ ノンタが　あんパンを　たべる。

●おうちのかたへ●
文の要点とは、主語・述語・目的語を指します。ここでは、目的語を緑の三角形と結びつけて位置と役割を把握させます。

文の構造を理解する　●読む力　●書く力

ステップ 4

52　53

ステップ 4-3 かたちに　ことばを　あてはめよう 「なにを」

学習のねらい

主語と述語、そして、目的語で成り立った一文を学習します。とくに、目的語に注目させてください。

たとえば「フクちゃんが走る」という文は、二語文で、主語と述語で成り立っています。それに対して、「ミミちゃんがおかしを食べる」だと、三語文になり、「ミミちゃん」（主語）と「食べる」（述語）の他に「おかしを」という言葉が追加されています。この「～を」に当たるのが目的語です。

また目的語は述語の前に置かれるので、その一文での位置にも着目させてください。本書では目的語は緑色の△で表しています。

そして必ず述語から考え、そこから主語や目的語を導き出しましょう。そういった頭の使い方が大切なのです。

れんしゅう

目的語を△の中に入れる問題です。

目的語を入れるときは、必ず述語から考えます。

①述語の「あつめる」に着目します。何を集めるのかというと、「どんぐりを」です。

②述語の「たたく」に着目します。何をたたくのかというと、「たいこを」です。

③述語の「たべる」に着目します。何を食べるのかというと、「あんパンを」です。

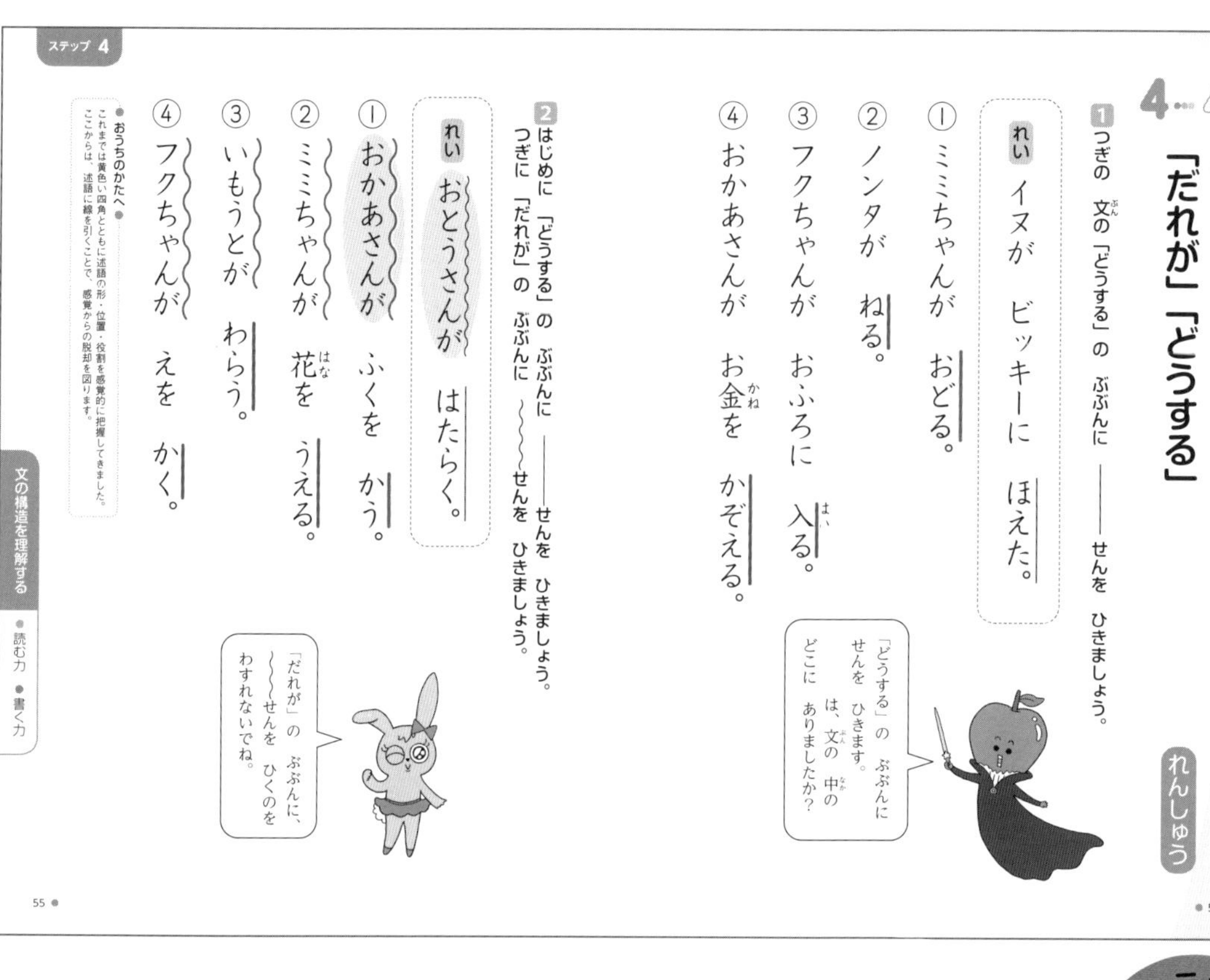
ステップ 4

4…4

「だれが」「どうする」

1 つぎの 文の「どうする」の ぶぶんに ―― せんを ひきましょう。

れい　イヌが　ビッキーに　ほえた。

① ミミちゃんが　おどる。
② ノンタが　ねる。
③ フクちゃんが　おふろに　入る。
④ おかあさんが　お金を　かぞえる。

れんしゅう

2 はじめに 「どうする」の ぶぶんに ―― せんを ひきましょう。つぎに 「だれが」の ぶぶんに 〰〰せんを ひきましょう。

れい　おとうさんが　はたらく。

① おかあさんが　ふくを　かう。
② ミミちゃんが　花を　うえる。
③ いもうとが　わらう。
④ フクちゃんが　えを　かく。

●おうちのかたへ●
これまでは黄色い四角とともに述語の形・位置・役割を感覚的に把握してきました。ここからは、述語に線を引くことで、感覚からの脱却を図ります。

文の構造を理解する　●読む力　●書く力

54　55

ステップ 4…4 「だれが」「どうする」

れんしゅう

一文の要点となる、主語と述語を意識する練習です。

今までは〇△□と、視覚的に言葉の役割を捉えてきました。まだ小学一年では主語と述語、目的語を文法的に理解するのが難しいからです。

さて、ここからは言葉の役割を文法的に理解していくための架け橋として、〇△□に代わって線を引く訓練をしましょう。

1 一文の中の述語を見抜く練習です。「どうする」の部分に線を引くことで、何が述語なのか、そして、述語は一文の最後に来やすいことを確認させましょう。

2 一文の中の主語と述語を見抜く練習です。まずは「どうする」という述語に線を引き、次に、それに対して、「なにが」「だれが」に当たる言葉に波線を引きます。

ステップ 4
4…5
「どんなだ」
きいろい　しかくには、「どうする」の　ほかに、「どんなだ」を
あらわす　ことばも　入ります。「どんなだ」は、ものや
人の　ようすを　あらわす　ことばです。
おいしいよ！
なにが
ラーメンが
どんなだ
おいしい　。
ラーメンが　どうなのか、
せつめいしているのね。
けんかしたの？
こわいんだよ。
だれが
ミミちゃんが
どんなだ
こわい　。
文の構造を理解する
読む力　書く力
56
57

ステップ 4…5 「どんなだ」

学習のねらい

述語になる言葉には、「どうする（動詞）」・「どんなだ（形容詞・形容動詞）」・「なんだ（名詞＋断定の助動詞）」の三つがあります。

・彼が歌う。（動詞）
・猫はかわいい。（形容詞）　町は静かだ。（形容動詞）
・彼は男だ。（名詞＋だ）

「どうする」に当たる言葉が動詞です。
「どんなだ」に当たる言葉が形容詞と形容動詞です。
「なんだ」に当たる言葉が名詞＋断定の助動詞「だ」「です」となります。
ここでは様子を表す言葉である形容詞を扱います。
「ラーメンがおいしい。」は、ラーメンがどうなのか、様子を説明しています。
「ミミちゃんがこわい。」は、ミミちゃんがどうなのか、様子を説明しています。

4-5
「どんなだ」 れんしゅう
1 えを 見て 文を つくります。◯に あてはまる ことばを あとの ことばから えらんで かきましょう。
① なにが しっぽが どんなだ ながい。
ことば ながい・ふかい
② なにが クジラが どんなだ 大きい。
ことば 大きい・かるい
しっぽの ようすを あらわすんだね。
58
ステップ4
2 えを 見て 文を つくります。◯と ◯に あてはまる ことばを あとの ことばから えらんで かきましょう。
① なには しんかんせんは どんなだ はやい。
ことば フクちゃんは・しんかんせんは・ひどい・はやい
② なには ドーナツは どんなだ おいしい。
ことば ビッキーは・ドーナツは・くらい・おいしい
おうちのかたへ
身の回りのものについて、「何が、どんなだ」という一文をお子さんと一緒に作ってみましょう。「どんな」という様子を表す言葉は、ステップ6で名詞を飾る言葉でもあることを学習しますが、今の段階では、述語になることがわかれば合格です。
文の構造を理解する
読む力 書く力
59

れんしゅう

形容詞は様子を表す言葉ですが、後のステップ6で名詞を説明する言葉として学習します。

「かわいい 猫」などの使い方がそうです。

さて、形容詞にはそのほかにも、述語としての働きがあります。

子どもにはまだこうした文法的な説明は難しいので、ここでも◯□と視覚的に理解させましょう。

1 絵を見て、主語に対して、それにふさわしい述語を選択肢から選びます。

2 絵を見て、今度は主語と述語を選択肢から選びます。

「しんかんせんは」に対応する述語は「はやい」。

「ドーナツは」に対応する述語は「おいしい」。

絵から主語を「ビッキーは」にする子どももいるかもしれませんが、ビッキーがおいしい味なのではありません。

4…6 「なには」「どんなだ」 れんしゅう

1 つぎの　文の　「どんなだ」の　ぶぶんに　――　せんを　ひきましょう。

れい　となりの　人は　おとなしい。

① ふじ山は　とても　たかい。

② なつの　たいようは　まぶしい。

③ おかあさんが　つくる　ケーキは　おいしい。

2 まず「どんなだ」の　ぶぶんに　――　せんを　ひきましょう。
つぎに「なには」の　ぶぶんに　〰〰　せんを　ひきましょう。

れい　コーヒーは　にがい。

① チョコレートは　あまい。

② おばけやしきは　こわい。

③ この　人ぎょうは　とても　かわいい。

「どんなだ」は　　　　でしたね。
「なには」は　　　　。
まず、はじめに　　　　の
ことばを　見つけてね。

● おうちのかたへ ●
主語と述語を意識させることはもちろん、まず述語を見つけて、それから主語という順に線を引くことを忘れないように常に心がけましょう。日本語の特質として主語は省略されることもあります。

文の構造を理解する　● 読む力　● 書く力

ステップ 4…6 「なには」「どんなだ」

れんしゅう

1 一文の中から自分で述語を探し出す問題です。すでに□が述語だと学習しました。今回はそうしたヒントなしに、自分の力で読み取っていきます。また、形容詞がすべて「い」で終わっていることにも着目させてください。

2 まず一文の中の述語を探し、それに対する主語を探します。

①「あまい」のは「チョコレート（は）」です。

②何が「こわい」のかというと、「おばけやしき（は）」です。

③「かわいい」のは「人ぎょう（は）」です。

ステップ 4
4…7
「なんだ」れんしゅう
1 えを 見て 文を つくります。 に あてはまる ことばを あとの ことばから えらんで かきましょう。
① なにが ぞうは なんだ どうぶつだ。
ことば どうぶつだ ・ さかなだ
② なにが おとうさんは なんだ いしゃだ。
ことば いしゃだ ・ 中学生だ
ぞうは なんだった? とりでは ないよね。
2 えを 見て 文を つくります。 と に あてはまる ことばを あとの ことばから えらんで かきましょう。
① なには ノートは なんだ ぶんぼうぐだ。
ことば はさみは・ノートは・ぶんぼうぐだ・のりものだ
② なには ミミちゃんは なんだ おひめさまだ。
ことば ミミちゃんは・フクちゃんは・おかあさんだ・おひめさまだ
●おうちのかたへ●
今度の述語は、名詞＋だ（です）です。「〜だ」、「〜です」が述語になることを理解しましょう。主語と述語の名詞はイコールの関係になります。
文の構造を理解する ●読む力 ●書く力
65
64

ステップ 4…7 「なんだ」

学習のねらい

本書では大切なことは繰り返し練習していきます。しかしながら、毎回どこか新しい要素が加わります。

何度も繰り返すのは、言葉の使い方や頭の使い方について、理解するだけでなく習熟して欲しいからです。

新しい要素を加えるのは、単純反復を嫌うからです。単純反復を繰り返すと、子どもは条件反射的に問題を解き、思考停止状態に陥りやすくなります。

今回は、述語で「名詞＋だ」の形を学習します。

・ミミちゃんは「なんだ」→「小学生だ」。

・おやつは「なんだ」→「ケーキだ」。

れんしゅう

1 絵を見て、主語に対してそれにふさわしい述語を選びます。ビッキーのセリフがヒントになります。

2

①ノートの絵なので、主語は「はさみは」ではなく「ノートは」、それに対する述語は「ぶんぼうぐだ」。

②ミミちゃんがおひめさまの恰好をしています。主語は「ミミちゃんは」、述語は「おひめさまだ」。

ステップ 4

4-8 「なには」「なんだ」 れんしゅう

1 つぎの 文の 「なんだ」の ぶぶんに ――― せんを ひきましょう。

れい これは わたしの 本です。

① クジラは 大きな いきものです。

② 花だんに さいている 花は バラです。

③ ぼくが ほしい ものは サッカーボールです。

2 まず 「なんだ」の ぶぶんに ――― せんを ひきましょう。
つぎに 「なには」の ぶぶんに 〰〰 せんを ひきましょう。

れい フクちゃんは 男の子です。

① ばんごはんは カレーライスです。

② すきな かもくは こくごです。

③ おとうさんは 学校の 先生です。

「なんだ」を 見つけてから、「なには」を さがしましょう。

●おうちのかたへ●
今回の述語も名詞＋だ（です）です。これまでと同様、まず述語を見つけて、それから主語という順に線を引くことを忘れないようにしましょう。

文の構造を理解する ●読む力 ●書く力

66 67

ステップ 4-8 「なには」「なんだ」

れんしゅう

断定の「だ」の丁寧語が「です」となります。
名詞＋「です」で述語となることは、「だ」と同じです。

1 一文の中から述語を見つけます。
「です」がついているものが述語です。

2 まず、一文の中で述語を探し、それに対する主語を探します。
①「カレーライスです」↓何が？「ばんごはんは」
②「こくごです」↓何が？「かもくは」
③「先生です」↓だれが？「おとうさんは」

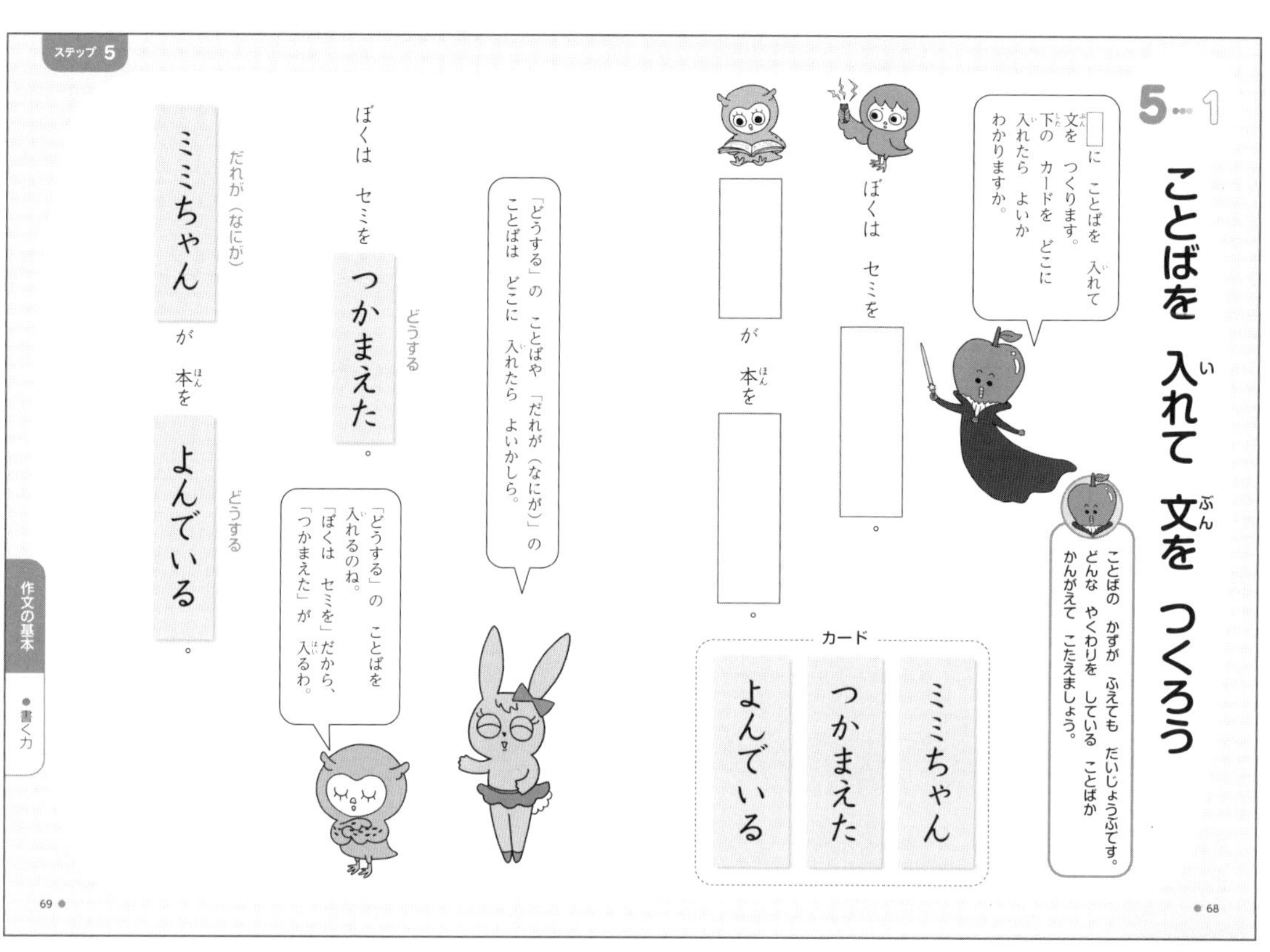

ステップ 5

5…1 ことばを 入れて 文を つくろう

□に ことばを 入れて 文を つくります。下の カードを どこに 入れたら よいか わかりますか。

ぼくは セミを □。

□が 本を □。

カード

ミミちゃん

つかまえた

よんでいる

ことばの かずが ふえても だいじょうぶです。どんな やくわりを している ことばか かんがえて こたえましょう。

「どうする」の ことばや 「だれが（なにが）」の ことばは どこに 入れたら よいかしら。

ぼくは セミを つかまえた。（どうする）

「どうする」の ことばを 入れるのね。「ぼくは セミを」だから、「つかまえた」が 入るわ。

ミミちゃん（だれが（なにが））が 本を よんでいる（どうする）。

作文の基本 ●書く力

69 ● ● 68

ステップ 5…1 ことばを 入れて 文を つくろう

学習のねらい

どの言葉とどの言葉がつながっているのかを考えましょう。

「セミを」という目的語とつながる述語は、「よんでいる」ではなく、「つかまえた」ですね。

「本を」という目的語とつながる述語は「つかまえた」ではなく、「よんでいる」です。次に、だれが「よんでいる」のかを考えると、「ミミちゃんが」というカードしかありません。

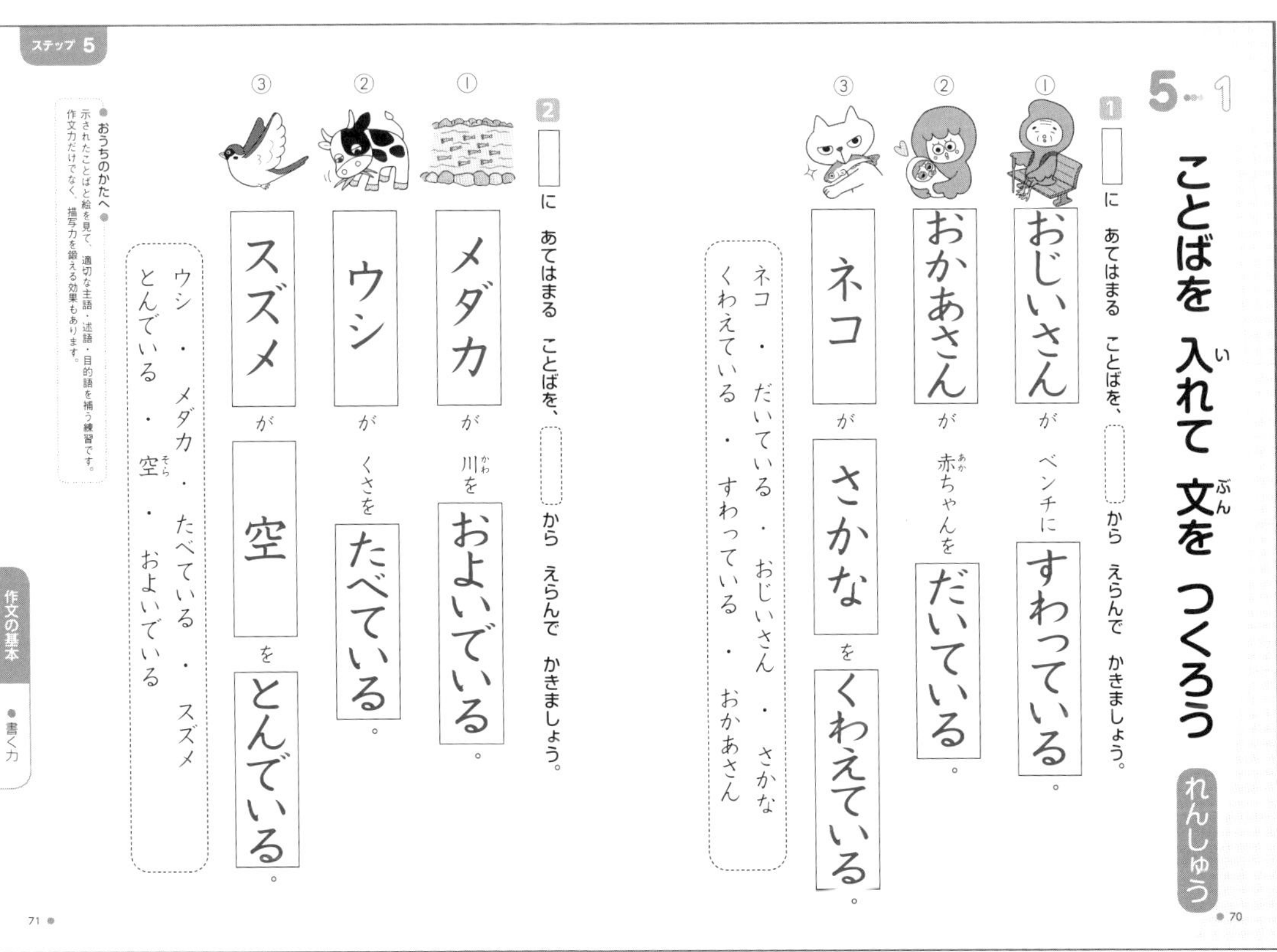

5-1 ことばを 入れて 文を つくろう れんしゅう

1 □に あてはまる ことばを、□から えらんで かきましょう。

① おじいさん が ベンチに すわっている。
② おかあさん が 赤ちゃんを だいている。
③ ネコ が さかな を くわえている。

ネコ・だいている・おじいさん・さかな・くわえている・すわっている・おかあさん

2 □に あてはまる ことばを、□から えらんで かきましょう。

① メダカ が 川を およいでいる。
② ウシ が くさを たべている。
③ スズメ が 空 を とんでいる。

ウシ・メダカ・たべている・スズメ・とんでいる・空・およいでいる

●おうちのかたへ●
示されたことばと絵を見て、適切な主語・述語・目的語を補う練習です。作文力だけでなく、描写力を鍛える効果もあります。

ステップ5 作文の基本 ●書く力 70 71

れんしゅう

三つの文を作成するので、選択肢の言葉の数が増えています。その分だけ少し難しくなっています。

1

与えられている言葉からつながる言葉を探して、空欄を埋めていきましょう。

①「ベンチに」→「すわっている」とつながります。「だれが」に当たるのは絵から「おじいさん」です。

②「赤ちゃんを」→「だいている」とつながります。「だれが」に当たるのは絵から「おかあさん」です。

③目的語までが空所となっています。そこで、残った選択肢で文を作成します。「ネコ」「さかな」「くわえている」が残った選択肢ですが、「ネコ」が主語、「さかな」が目的語、「くわえている」が述語だとわかります。

2

①「川を」→「およいでいる」とつながります。「何が」に当たるのは絵から「メダカ」です。

②「くさを」→「たべている」とつながります。「何が」に当たるのは絵から「ウシ」だとわかります。

③残った選択肢は「スズメ」「とんでいる」「空」です。「スズメ」が主語、「とんでいる」が述語、「空」が目的語なので、「スズメが空をとんでいる。」と、一文を作成することができます。

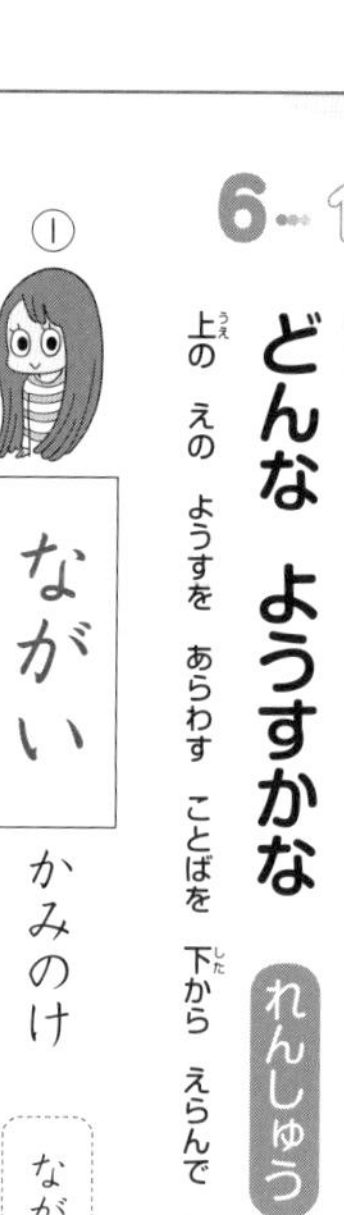

ステップ 6
6…1
どんな ようすかな
上の えの ようすを あらわす ことばを 下から えらんで かきましょう。
れんしゅう
① ながい かみのけ ながい・みじかい
② たかい たてもの たかい・ひくい
③ 赤い くつ 赤い・白い
④ 小さい かさ 小さい・大きい
⑤ しかくい ケーキ まるい・しかくい
⑥ かなしい ものがたり かなしい・たのしい
⑦ おもい にもつ おもい・かるい
⑧ あたたかい セーター あたたかい・さむい
⑨ つめたい 水 つめたい・あつい
形容詞
読む力
75
74

ステップ 6…1 「どんな　ようすかな」

学習のねらい

「修飾」を本書では、「ようすをせつめいする」、あるいは「かざる」と呼んでいます。このとき、どの言葉が飾る言葉で、どの言葉が飾られる言葉かを考えましょう。

本問は、絵を見て、どんな言葉で説明したらよいのかを考えさせる問題です。

れんしゅう

選択肢が反対語でできていることにも注意を向けてください。

絵から見て、それにふさわしい「ようすをせつめいすることば」を選びます。

①〜⑨まで形容詞を書き入れると、もしかすると、子どもが共通点を発見するかもしれません。

すべて形容詞は「い」で終わっているのです。

もし、気がついたなら、大いにほめてあげてください。より言葉に関心を持つようになりますから。

ステップ7

7…1 ことばと　ことばを　つなごう

がんばって　さく文を　かいたよ。

ぼく　にわにわ　にわとり　いるよ。
ぼく　とりだよ。
ぼく　にわとりわ　たまお　けった。

ことばと　ことばを　つなぐ　ことばの　つかいかたを　おぼえましょう。

にわにわって　なに？

ビッキーは　リスでしょ？　とりは　わたしと　フクちゃんよ。

たまおくんって　だれだろう？　にわとりと　けんかしたのかな？

76

ことばと　ことばを　つなぐ　ことばを　まちがえているからですよ。まほうで　正しく　するわよ。

ぼくの　にわには　にわとりが　いるよ。
ぼくの　とりだよ。
ぼくと　にわとりは　たまを　けった。

ことばと　ことばを　つなぐ　ことばを　ちゃんと　つかわないと　いみが　つうじないのね。

助詞　●読む力　●書く力

「は」「を」「へ」は、ことばと　ことばを　つなぐ　ときは　「わ」「お」「え」と　よみます。

かくと	よむと
先生は	先生わ
パンを	パンお
学校へ	学校え

えんぴつで　かく。
おかあさんに　はなす。
ぼくも　たべたい

ことばと　ことばを　つなぐ　ことばは　ほかにも　いろいろ　あるんだね。

77

ステップ7…1 ことばと　ことばを　つなごう

学習のねらい

助詞の学習です。付属語で活用しない単語が助詞で、おもに言葉と言葉をつなぐ働きや、意味を添える働きをします。（付属語で活用する単語は助動詞といいます。）

実は私たちが読み書きする言葉には、助詞が多く使われています。その助詞の使い方がわからなければ、そもそも日常会話すらできないわけです。しかし、普段は何となく使っているので、それが助詞であることを意識していません。

ここでは、助詞がいかに大切な言葉であるか、どれほど多くの助詞が普段から使われているかを意識するようにします。

将来、古文を学習するときにも、口語文法の助詞の使い方がわからないと苦労することになります。古文においても、助詞に関しての文法的な考え方はまったく同じなので、使われる助詞の意味がわからなければ、古文の文章が読めるはずがありません。

今のうちから口語文法の考え方を身につけることで、古文、漢文、さらには英語の学習を容易にできるのです。

7-1 ことばと ことばを つなごう れんしゅう

1 正しい ほうを えらんで、□に もじを かきましょう。

①ミミちゃん［は］かわいい 女の子です。
ノンタが ドタドタ［は］しる。（は・わ）

②ももたろうが［お］にがしまに いく。
リンダが え［を］かく。（を・お）

③でん車が えき［へ］ついた。
かえるの おなかに［へ］そが ない。（へ・え）

2 正しい ほうを えらんで、□に ことばと ことばを つなぐ ことばを かきましょう。

①ノンタ［と］リンダが わらう。（と・は）

②おりがみ［で］つるを おる。（に・で）

③ぼく［も］ケーキを たべたい。（へ・も）

④先生［が］手がみを くばる。（で・が）

⑤ビッキー［の］ふくは 赤い。（の・を）

助詞 ●読む力 ●書く力

れんしゅう

1

助詞の「は」、「を」、「へ」の場合、「は・わ」、「を・お」、「へ・え」は、それぞれ発音が同じです。①「はしる」②「え」③「へそ」は、単語か単語の一部なので、発音通りに書けばよいのですが、③の主語に付く「は」、②の目的語に付く「を」、③は方向を示す助詞で、発音と異なる文字を書きます。大人には当たり前のことですが、小学一年生レベルにはまだ難しいので、徐々に慣れていきましょう。

2

①わらったのが、ノンタとリンダなので、「と」。
②「おりがみに」→「おる」ではつながらないことに注意します。
③主語に付く「も」であり、「ぼく」以外にもケーキを食べたい人がいることが前提となっています。
④主語に付く「が」。主語を表す助詞には「は」「が」があります。「も」も主語を表すことができるのですが、小学一年生レベルの主語の問題では扱いません。
⑤名詞を修飾している言葉なので「の」。「ふく」を修飾する助詞です。

★助詞は四種類に分けられます。語と語との関係を示す格助詞、文節と文節を繋ぐ接続助詞、文の途中にあり意味を添える副助詞、文の最後にあり意味を添える終助詞があります。

ステップ8
8…1
文と　文の　つながり
一つひとつの　文には　いみが　あるよ。そして、二つの　文が　ある　とき、まえの　文と　あとの　文の　あいだには、いくつかの　つながりかたが　あるよ。
二つの　文の　まえの　文と　あとの　文は　バラバラでは　なく、ちゃんと　つながっています。この　つながりかたを　かんがえましょう。
文と　文の　つながりを　きごうで　あらわしてみたよ。
まえの　ことと　あとの　ことが　はんたいに　なっている。
まえの　ことが　おきた　ために　あとの　ことが　おきた。
まえの　ことと　おなじ　ことを　いっている。
きょうは　えんそくの　日でした。
雨が　ふったので　あしたに　なりました。
えんそくに　いくはずだったのに、雨で　いけなく　なったのですね。だから、⟷の　きごうです。
おひるごはんを　たくさん　たべました。
三じの　おやつが　たべられなくなりました。
おひるに　たくさん　たべたから、おやつが　たべられないのね。だから、⬅の　きごうよ。
わがし
ぼくの　すきな　おかしは　わがしです。
＝
だんご、おはぎ　などです。
わがしと　いえば、だんごや　おはぎ。「わがし」と「だんご」「おはぎ」は　おなじことだよ。だから、＝の　きごうだよ。
接続語の記号問題
●読む力　●書く力　●話す力
81
80

ステップ 8…1 文と　文の　つながり

学習のねらい

まず次の文を見てください。

「私は一生懸命勉強をした。」

私たちはこの文を見ると、「きっと成績が上がるだろう」と予測します。なぜなら、論理的に頭を使っているなら、無意識のうちに先を予想してしまうからです。

もし、その予想通りならば、

「私は一生懸命勉強をした。だから、成績が上がった」

と言います。この「だから」を記号で表すと、「←」となるのです。

もし、その予想に反したなら、

「私は一生懸命勉強をした。しかし、成績は上がらなかった」と言います。

この「しかし」を記号で表すと、「↔」となるのです。

また

「私は母の手料理が好きだ。たとえば、肉じゃがが好きだ」の場合は、具体例を挙げたことになります。この具体例は、すでに学習した抽象と具体との関係、つまり、「イコールの関係」ですね。この関係を「＝」という記号で表します。

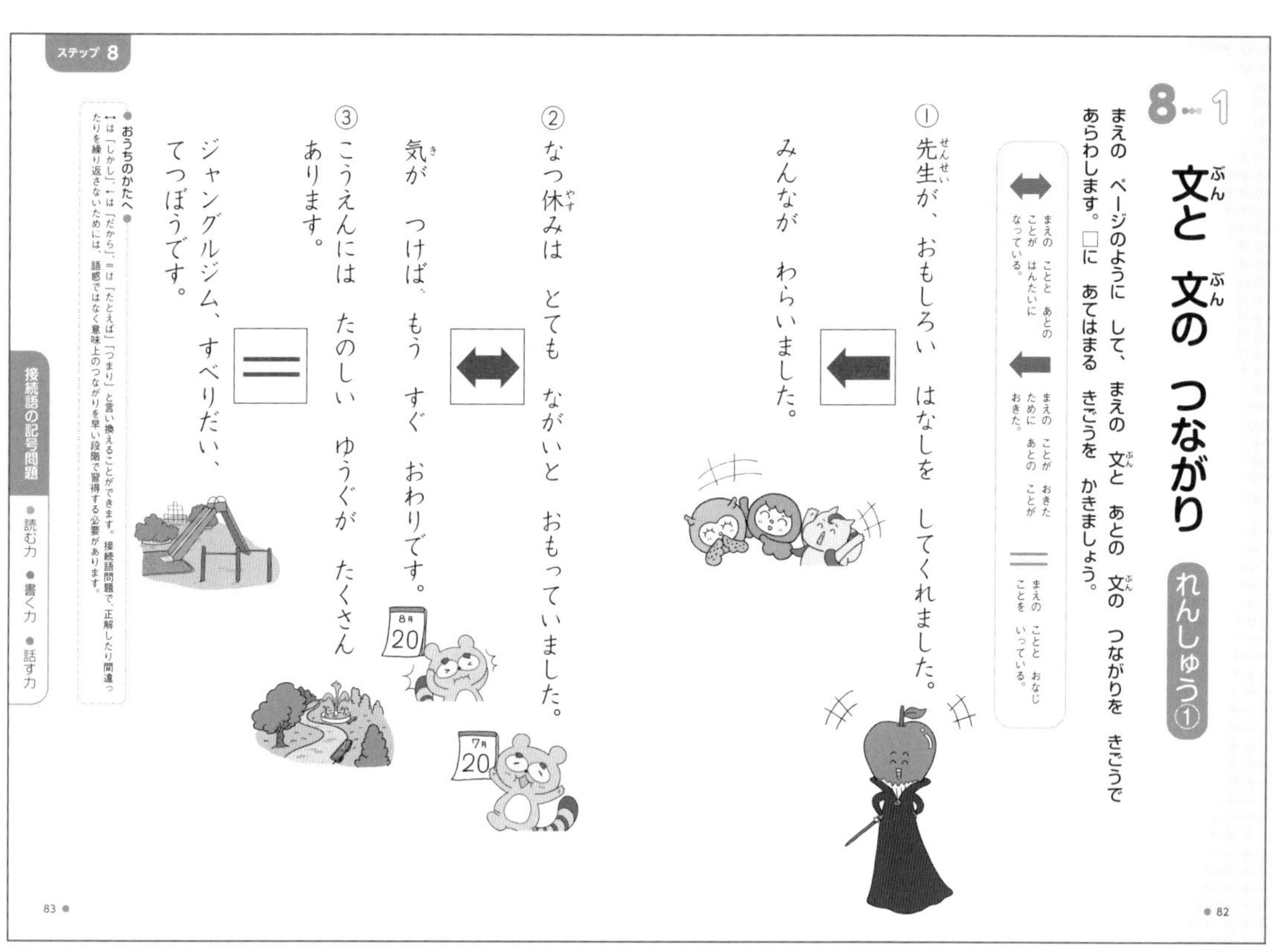
ステップ 8

8-1 文と 文の つながり れんしゅう①

まえの ページのように して、まえの 文と あとの 文の つながりを きごうで あらわします。□に あてはまる きごうを かきましょう。

⟷ まえの ことと あとの ことが はんたいに なっている。
← まえの ことが おきた ために あとの ことが おきた。
＝ まえの ことと おなじ ことを いっている。

① 先生が、おもしろい はなしを して くれました。
← みんなが わらいました。

② なつ休みは とても ながいと おもって いました。
⟷ 気が つけば、もう すぐ おわりです。

③ こうえんには たのしい ゆうぐが たくさん あります。
＝ ジャングルジム、すべりだい、てつぼうです。

●おうちのかたへ●
⟷は「しかし」、←は「だから」、＝は「たとえば」「つまり」と言い換えることができます。接続語問題で、正解したり間違ったりを繰り返さないためには、語感ではなく意味上のつながりを早い段階で習得する必要があります。

接続語の記号問題 ●読む力 ●書く力 ●話す力

83 ● ● 82

れんしゅう①

①先生が面白い話をしてくれたのだから、当然みんなは笑うと予想します。このように論理的な思考をすると、先を予想する力がついてきます。因果関係も原因→結果と先を予想するのでしたね。
この場合は、予想通りなので、「←」です。

②「なつ休みはとてもながい」とあるのに対して、「もうすぐおわりです」と反対の内容を述べているので、「⟷」です。

③「たのしいゆうぐ」の具体例が「ジャングルジム、すべりだい、てつぼう」なので、「イコールの関係」である「＝」の関係です。

ステップ 8

8-1 文と 文の つながり れんしゅう②

まえの ページのように して、まえの 文と あとの 文の つながりを きごうで あらわします。□に あてはまる きごうを かきましょう。

↔ まえの ことと あとの ことが はんたいに なっている。
← まえの ことが おきた ために あとの ことが おきた。
＝ まえの ことと おなじ ことを いっている。

① 学校には ふつうの きょうしつの ほかに いろいろな へやが あります。
＝
おんがくしつ、ほけんしつ、きゅうしょくしつなどです。

② くじびきで あめが たくさん あたりました。
←
ばんざいして よろこびました。

③ おとうさんは、休みの 日に なると いつも あそんでくれます。
↔
きのうの お休みは いっしょに あそべませんでした。

接続語の記号問題 ●読む力 ●書く力 ●話す力

84 85

れんしゅう②

①前文の「いろいろなへや」の具体例が、後文の「おんがくしつ、ほけんしつ、きゅうしょくしつなど」ですので、「イコールの関係」である「＝」です。

②前文の「くじびきであめがたくさんあたりました」は原因で、後文の「ばんざいしてよろこびました」が結果となっています。そこで、順接「←」が入ります。

③前文が「あそんでくれます」なのに対して、後文が「あそべませんでした」と前の流れをひっくり返しているので、逆接「↔」が入ります。

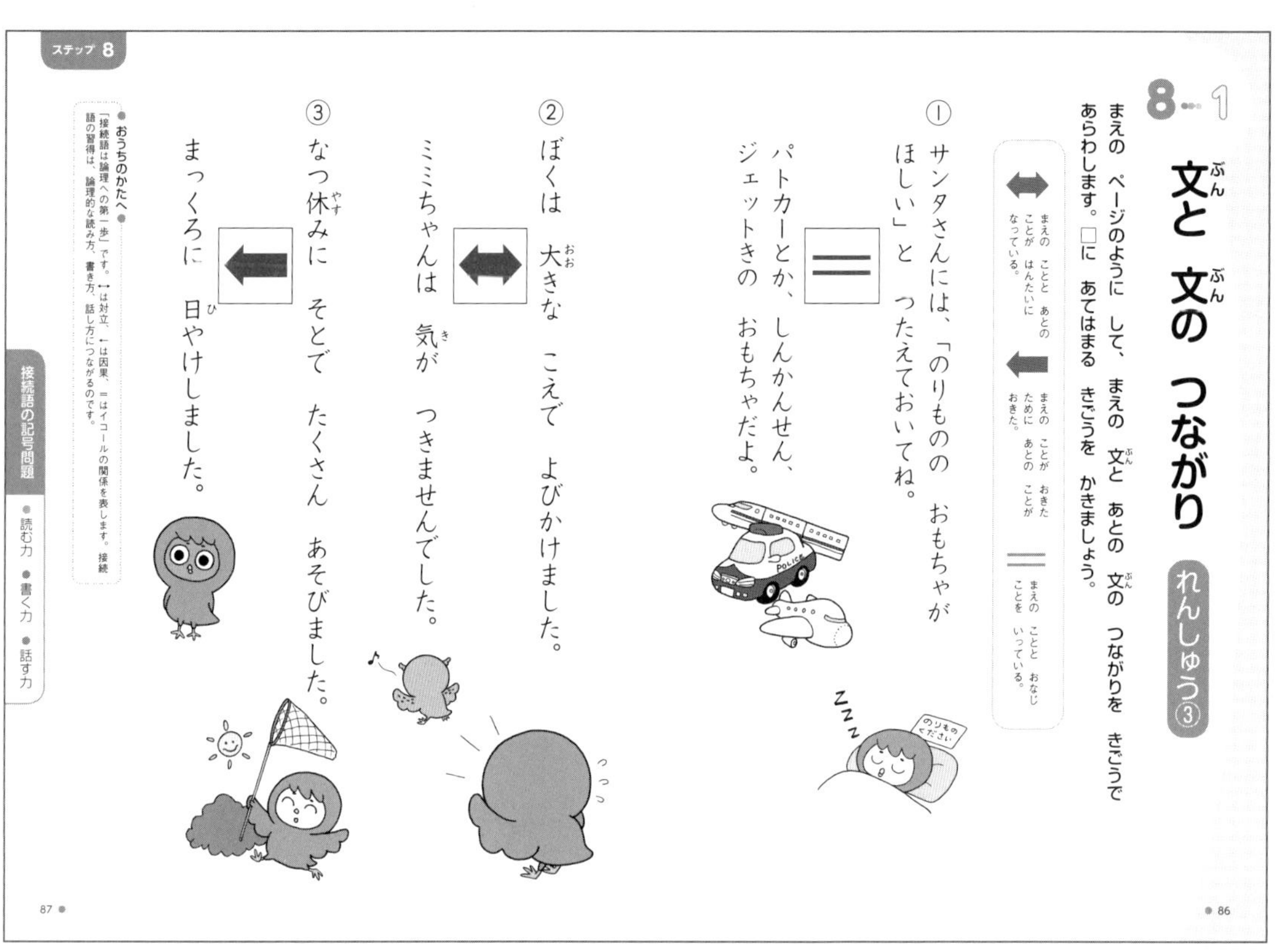
ステップ8

8-1 文と 文の つながり れんしゅう③

まえの ページのように して、まえの 文と あとの 文の つながりを きごうで あらわします。□に あてはまる きごうを かきましょう。

↔ まえの ことと あとの ことが はんたいに なっている。
← まえの ことが おきた ために あとの ことが おきた。
＝ まえの ことと おなじ ことを いっている。

① サンタさんには、「のりものの おもちゃが ほしい」と つたえておいてね。
［＝］
パトカーとか、しんかんせん、ジェットきの おもちゃだよ。

② ぼくは 大きな こえで よびかけました。
［↔］
ミミちゃんは 気が つきませんでした。

③ なつ休みに そとで たくさん あそびました。
［←］
まっくろに 日やけしました。

●おうちのかたへ●
「接続語は論理への第一歩」です。↔は対立、←は因果、＝はイコールの関係を表します。接続語の習得は、論理的な読み方、書き方、話し方につながるのです。

接続語の記号問題 ●読む力 ●書く力 ●話す力

86 87

れんしゅう③

①前文の「のりもののおもちゃ」の具体例が、後文の「パトカーとか、しんかんせん、ジェットきのおもちゃ」なので、「イコールの関係」である「＝」です。

②前文では、「大きなこえでよびかけました」とあるのに対して、後文では「気がつきませんでした」と前の流れをひっくり返しているので、逆接「↔」。

③前文の「そとでたくさんあそびました」は原因で、後文の「まっくろに日やけしました」が結果となっています。そこで、順接「←」。

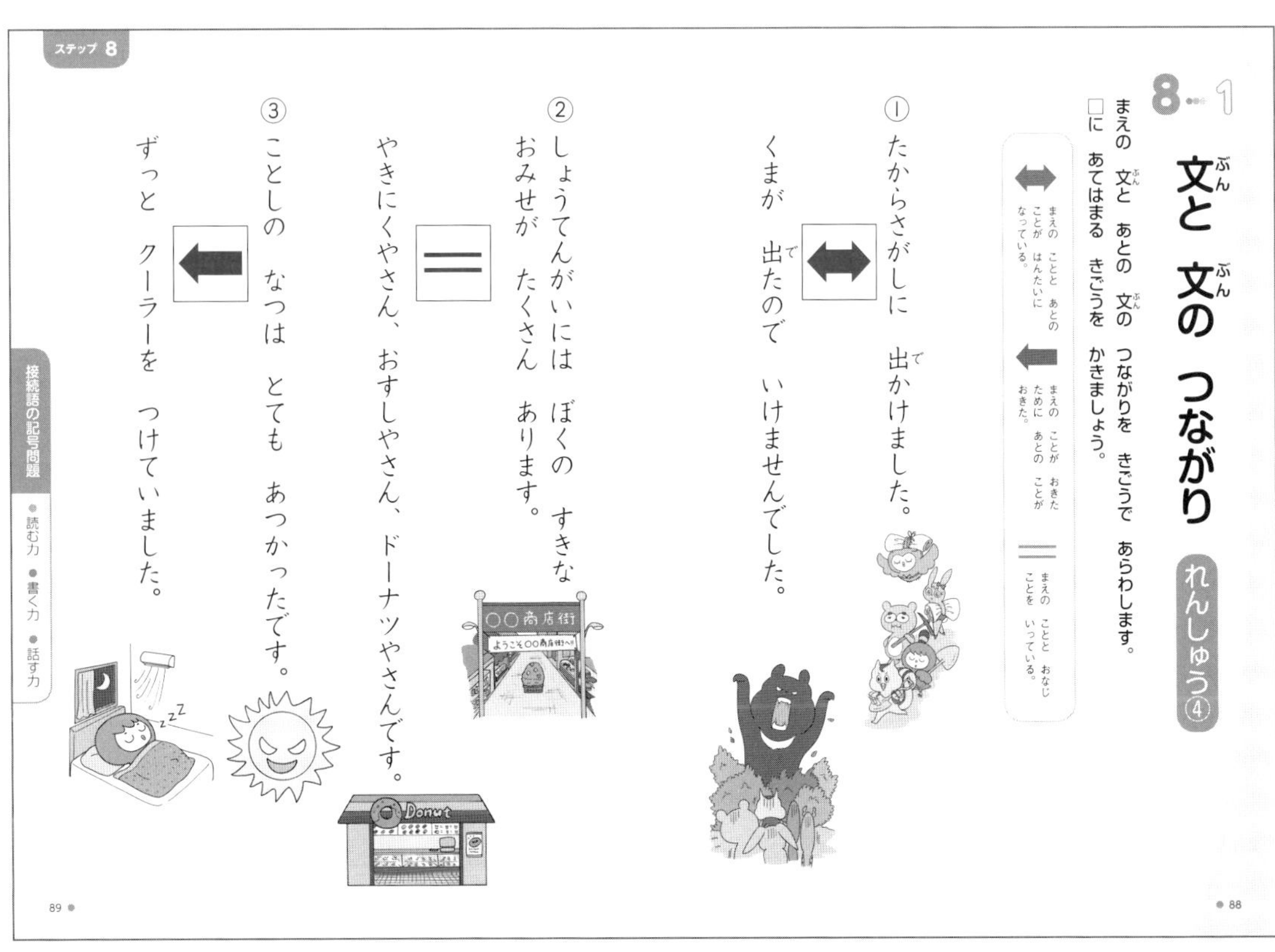
8-1
文と 文の つながり
れんしゅう④
まえの 文と あとの 文の つながりを きごうで あらわします。
□に あてはまる きごうを かきましょう。
まえの ことと あとの ことが はんたいに なっている。
まえの ことが おきた ために あとの ことが おきた。
まえの ことと おなじ ことを いっている。
① たからさがしに 出かけました。
くまが 出たので いけませんでした。
② しょうてんがいには ぼくの すきな おみせが たくさん あります。
やきにくやさん、おすしやさん、ドーナツやさんです。
③ ことしの なつは とても あつかったです。
ずっと クーラーを つけていました。
ステップ 8
接続語の記号問題
読む力 書く力 話す力
88
89

れんしゅう④

①前文で、「出かけました」とあるのに対して、後文では「いけませんでした」と前の流れをひっくり返しているので、逆接「↔」。

②前文の「ぼくのすきなおみせ」の具体例が、後文の「やきにくやさん、おすしやさん、ドーナツやさん」なので、「イコールの関係」である「＝」です。

③前文の「とてもあつかったです」は理由で、後文の「ずっとクーラーをつけていました」が結果となっています。そこで、順接「←」。

ステップ 9

9-1 文のよみとり

ぼくは、きょうの　あさ、
おとうさんと　こうえんに　いきました。
ビッキーが　先に　きていて、
ブランコで　あそんでいました。
ぼくと　ビッキーの　二人で、
サッカーボールを　けりました。

一つひとつの　ことばには、やくわりが　あります。じっくりと　文しょうを　よんで、もんだいに　こたえましょう。
さく文を　かいたんだよ。
うまく　かけたわね。さて、ミミちゃん。よむ　ときは、「いつ」「どこで」などに　気を　つけて　よむと　いいですよ。

① いつ　いきましたか？
（きょうの）あさ

② どこに　いきましたか？
こうえん

③ ブランコで　あそんで　いたのは、だれですか？
ビッキー

④ ぼくと　ビッキーは　なにを　けりましたか？
サッカーボール

● おうちのかたへ ●
5W1Hは読解や情報伝達の場面でたいへん重要なツールとなります。お子さんが学校でのできごとを話す際、できるだけ5W1Hを意識するように導いてあげてください。作文の成績もぐんと上がってくることでしょう。

5W1H　● 読む力　● 書く力

91　90

ステップ 9-1 文の　よみとり

学習のねらい

文の中のそれぞれの言葉の役割や意味を意識させましょう。何かを伝えるときには、頭の中で伝えたいことを整理する必要があります。そのためのスキルの一つとして重要なものが、５Ｗ１Ｈです。これらを正確に使いこなすことができれば、正確な読解や伝達が容易になります。「各ステップのねらいと学習目的」の記載（解答Ｐ４上段参照）もあわせてご確認ください。

第一文は「ぼくは～いきました」が主語と述語。「いきました」に、いつ (when) を表す「きょうのあさ」、場所 (where) を表す「こうえんに」の言葉がつながっています。

第二文の述語は「きていて」と「あそんでいました」。何 (what) で「あそんでいました」かというと、「ブランコ」です。主語になる誰が (who)「あそんでいました」かというと、「ビッキーが」です。

第三文も同様に、何 (what) の言葉「サッカーボール」があります。「サッカーボール」→「けりました」と言葉がつながっていきます。

ステップ 9

9-1 文の よみとり　れんしゅう

文を よんで、下の もんだいに こたえましょう。

1

日よう日に、ぼくは
ミミちゃんと　ゆうえんちに
いきました。
ぼくたちは、かんらん車に
のりました。
かんらん車は
たのしい　のりもの
だからです。

①いつ　いきましたか。

日よう日

②どこへ　いきましたか。

ゆうえんち

③なぜ　かんらん車に　のりましたか。

たのしい　のりもの　だから。

2

きのうの　ひるに、
わたしの　おとうさんが
おひるごはんを　つくりました。
つくってくれたのは　わたしの
大すきな　カレーライスです。
わたしは　おとうさんが
つくるのを　だいどころで
ずっと　見ていました。

①だれが　おひるごはんを　つくりましたか。

おとうさん

②おひるごはんに　なにを　つくりましたか。

カレーライス

③わたしは　どこで　見ていましたか。

だいどころ

5W1H　●読む力　●書く力

92　93

れんしゅう

ここでも5W1Hを意識させましょう。

1

①「日よう日に」→「いきました」と言葉がつながるので、「いつ」行ったのかというと、「日よう日」だとわかります。

②「ゆうえんちに」→「いきました」と言葉がつながるので、「どこへ」行ったのかというと、「ゆうえんち」だとわかります。

③なぜ、「かんらん車に乗ったのかというと、後の文に「たのしいのりものだから」とあります。このように「なぜ（Why）」を意識するようにしましょう。

どの言葉がどの言葉を説明しているのか意識させましょう。何となく言葉を使うことから、徐々にですが正確な言葉の使い方に変えていくのです。

2

①「おとうさんが」→「つくりました」と言葉がつながるので、「だれが」つくったのかというと、「おとうさん」だとわかります。

②「つくってくれたものは」→「カレーライスです」と言葉がつながるので、「なにを」作ったのかというと、「カレーライス」だとわかります。

③「わたしは」→「だいどころで」→「見ていました」と言葉がつながっています。そこから、どこで見ていたかというと「だいどころ」だとわかります。

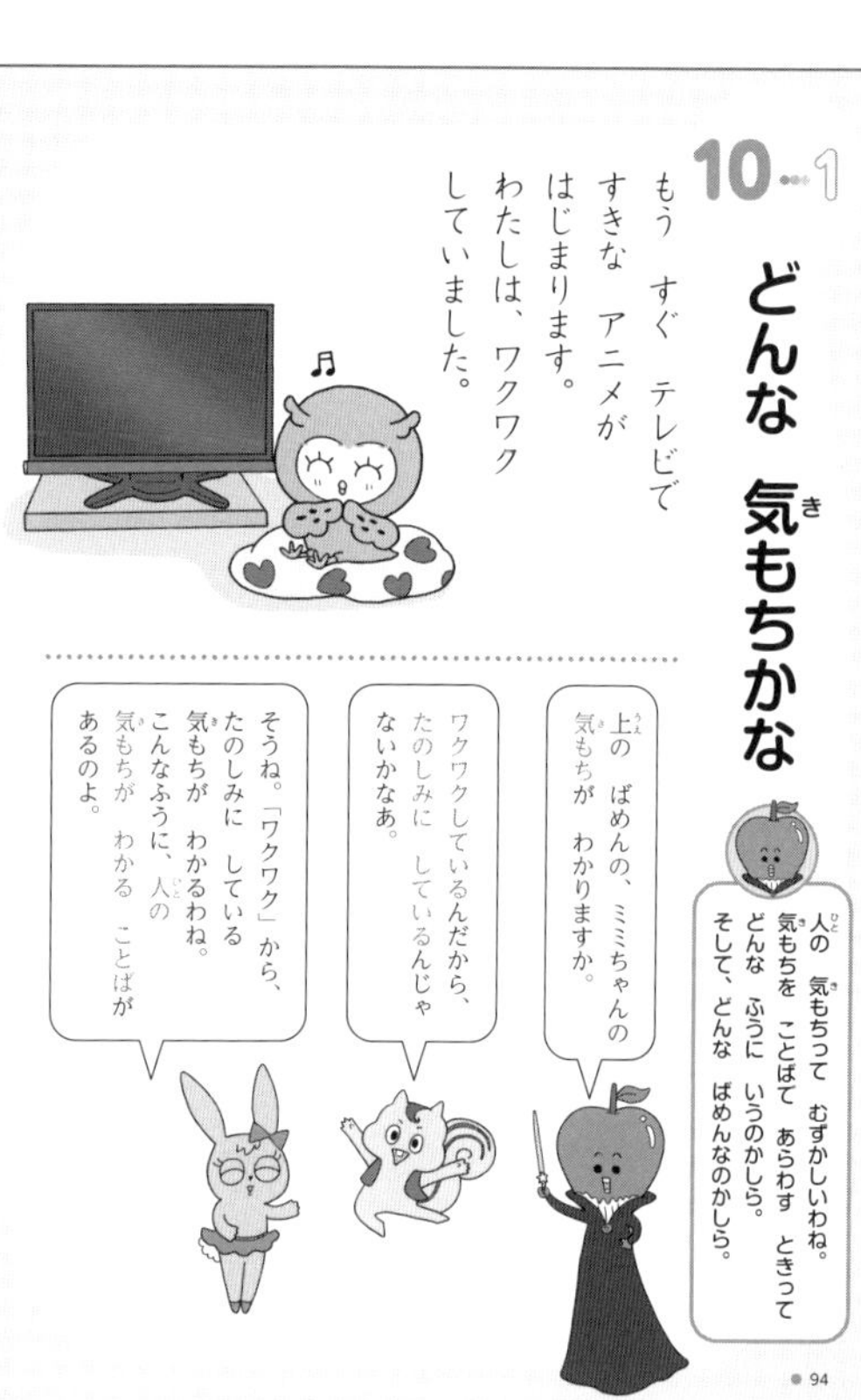

10-1 どんな 気もちかな

もう すぐ テレビで すきな アニメが はじまります。わたしは、ワクワク していました。

人の 気もちって むずかしいわね。気もちを ことばで あらわす ときって どんな ふうに いうのかしら。そして、どんな ばめんなのかしら。
上の ばめんの、ミミちゃんの 気もちが わかりますか。
ワクワクしているんだから、たのしみに しているんじゃ ないかなあ。
そうね。「ワクワク」から、たのしみに している 気もちが わかるわね。こんなふうに、人の 気もちが わかる ことばが あるのよ。

94

ステップ10

れんしゅう①

左の ばめんの ——せんは それぞれ どんな 気もちを あらわして いるでしょう。あてはまる ものを えらびましょう。

1 ノンタの おかあさんが たなを あけると あんパンが ありませんでした。それを きいて ノンタは わあわあと なきました。

① よろこんでいる
② かなしんでいる
③ おどろいている

2 ミミちゃんは おばけの はなしを 一人で よんでいました。すると からだが ぶるぶると ふるえてきました。

① たのしみだ
② はずかしい
③ こわい

心情理解 ●読む力

95

ステップ 10-1 どんな 気もちかな

学習のねらい

文中にある言葉や動作・セリフから気持ちを読み取る練習をします。心情理解は物語文の読解の基礎となります。

好きなアニメが始まる前のミミちゃんの気持ちです。ここでは「ワクワク」と心情を直接表現する言葉があります。

れんしゅう①

擬情語を読み取る問題です。擬情語は感情を表す言葉の一つで、慣用的に用います。

1 心情を表す言葉は「わあわあと」です。この言葉は泣いている様子を表しています。では、なぜノンタが泣いたのかというと、あんパンがなかったからです。（ノンタはあんパンが大好物です）。そこから、答えは②「かなしんでいる」。

2 心情を表す言葉は「ぶるぶると」です。「ぶるぶると」は震えるようすを表すオノマトペです。もちろん、お化けの話を読んでいる際に震えているのですから、③「こわい」が答えです。

10–1 どんな 気もちかな れんしゅう①

左の ばめんの ——せんは それぞれ どんな 気もちを あらわしているでしょう。
あてはまる ものを えらびましょう。

1 ピクニックに きました。つつみを あけて おいしそうな おべんとうを 見た とたん 二人は にこにこしました。

① つまらない
②（○）たのしみだ
③ おもしろい

2 ひさしぶりに ゆうえんちに つれてきて もらいました。ぼくは ずっと ゆうえんちの 中を うたいながら あるいていました。

①（○）よろこんでいる
② つかれている
③ はずかしがっている

3 うんどうかいで、ぼくたちの クラスは まけてしまいました。みんな 下を むいて だまってしまいました。

① おこっている
② おもしろがっている
③（○）がっかりしている

4 リンゴ先生が「きょうの きゅうしょくは みんなの すきな カレーライスです。」と いうと みんなは「わーい、やった。」と 大きな こえで いいました。

① びっくりしている
②（○）うれしがっている
③ かなしんでいる

● おうちのかたへ ●
気持ちを表す擬情語のオノマトペに着目すると、気持ちを読みとることができます。また、動作やセリフからも気持ちを読みとることもできます。物語文の問題では登場人物の気持ちを問われることが多いので、基本の読みとりを学習しておくとよいでしょう。

心情理解 ● 読む力

れんしゅう②

1 「にこにこ」するときは、どんなときなのかを考えます。おいしそうなおべんとうを見たときはどんな気持ちなのか。絵もヒントです。

2 心情を表す直接的な言葉はありません。ここでは「うたいながらあるいていました」が心情を表す言葉です。このように、動作も心情を表すことを覚えておきましょう。では、「うたいながら」歩くときはどんな気持ちでしょうか。「つかれている」「はずかしがっている」ときに歌うか、考えてみましょう。

3 運動会で負けてしまったときの気持ちです。中には、①の「おこっている」ときに下を向いて黙ってしまうお子さんもいるかもしれませんが、「みんな」とあることに注意します。負けたのは自分たちのせいなので、③「がっかりしている」が適切です。

4 傍線部直前で「みんなのすきな」とあることに注意。もちろん、カレーライスが嫌いな子どもがいるかもしれませんが、その場合は、文章の中に「すきな」とあることを指摘してください。「わーい、やった」は喜んでいるときのセリフなので、②「うれしがっている」。

10…2 気もちを よみとろう

つぎの 文しょうを よんで、あとの もんだいに こたえましょう。

れんしゅう①

1 きょうは えんそくです。山みちを みんなで あるいている ときに、けんとくんは とても 大きな ちょうを 見つけました。けんとくんは、びっくりしたように
「見て、見て!」
と、大きな こえを 出して、みんなに しらせました。

けんとくんの 気もちを あらわしている ことばを かきましょう。

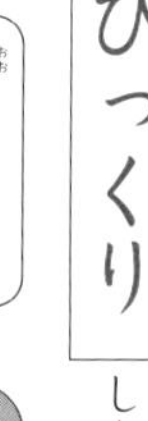
びっくり
した

大きな ちょうを 見たんだね。

どうして 大きな こえを 出したのかしら?

2 かぞくで ゆうえんちに いきました。いろいろな のりものが あって、わたしは きょろきょろして いました。すると、おとうさんが
「どれでも のって いいよ。」
と いってくれました。
たくさんの のりものに のることが できて、とても たのしかったです。

わたしの 気もちを あらわしている ことばを かきましょう。

ゆうえんち

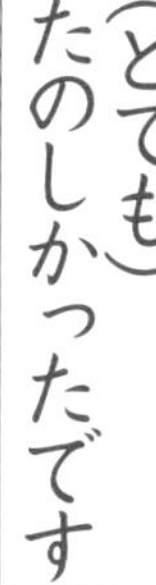
(とても)たのしかったです

心情理解 ●読む力

98 ● ● 99

ステップ 10…2 れんしゅう① 気もちを よみとろう

1 けんとくんはとても大きな蝶を見つけたのです。そのときの気持ちを表す言葉が「びっくりした」です。だから、大きな声でみんなに知らせたのです。

2 わたしは遊園地でたくさんの乗り物に乗ることができたのですが、そのときのわたしの気持ちは最後に「(とても)たのしかった」と書いてあります。

今回は心情を表す言葉が直接ある問題を出題しました。このように心情問題では決して自分の感覚で答えるのではなく、まず問題文中から根拠となる言葉を探す習慣をつけることが何よりも大切です。

10-2

気もちを よみとろう

れんしゅう②

つぎの 文しょうを よんで、あとの もんだいに こたえましょう。

1 ゆみさんが 生まれた ときから、いえには しろちゃんと いう ねこが いました。ゆみさんは しろちゃんと いっしょに あそんだり ねたりしていました。
ところが、しろちゃんは、としを とって しんでしまいました。
ゆみさんは うごかない ねこを 見て ひどく かなしくなりました。

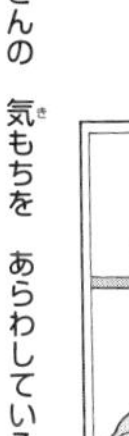

ゆみさんの 気もちを あらわしている ことばを かきましょう。

（ひどく）かなしく なりました

2 おとうさんは やきゅうが 大すきで、よく テレビで しあいを 見ています。でも、おうえんしている チームが まけると、大きな ためいきを つきます。

おとうさんの 気もちを あらわしている うごきを かきましょう。

大きなためいきを つきます

うごきで 気もちが わかるの？

マンガや アニメを おもい出してください。うごきで、うれしい 気もちや、かなしい 気もちが わかるでしょう？

心情理解 ●読む力

れんしゅう②

1 文章が少し長くなったのですが、解き方に変わりはありません。生まれたときから家にいた、しろという猫が死んだときのゆみさんの気持ちは「ひどくかなしくなりました」と直接的に表現されています。

2 心情を動作から読み取る問題ですので、少しレベルアップです。応援しているチームが負けたときのお父さんの気持ちですが、「大きなためいきをつきます」という動作から、とてもがっかりしていることがわかります。

ステップ10

10-2 気もちを よみとろう れんしゅう③

つぎの 文しょうを よんで、あとの もんだいに こたえましょう。

1 音がくかいで、わたしは 一人で うたを うたう ことに なりました。
うたい出すと 大きな こえが 出て、みんなが きいてくれました。
うたいおわった とたんに、わたしは ぶたいで とびはねて しまいました。

わたしが うれしいのは、どんな ようすから わかりますか。「〜ようす」に つながるように かきましょう。

(ぶたいで) とびはね(てしまっ)た

ようす。

2 みどりさんは さんすうが にが手で、きのうの テストは 三十てんでした。おかあさんに しかられてしまうと おもい、しょんぼりしながら かえりました。
ところが、おかあさんは 「つぎに がんばれば いいのよ。」と、やさしく いってくれました。
みどりさんは びっくりして しまいました。

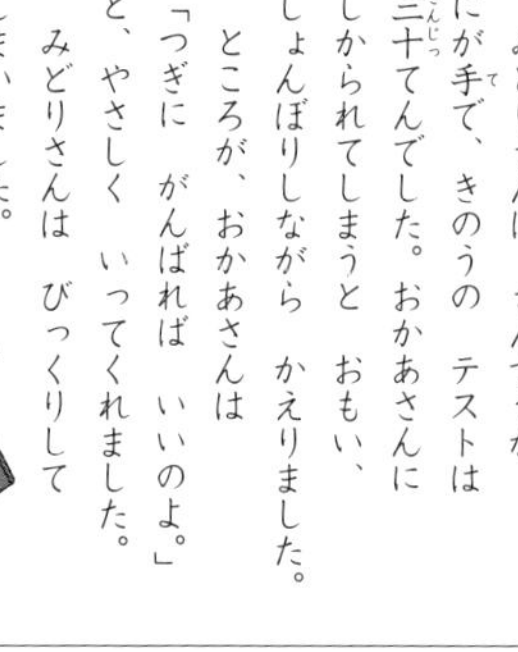

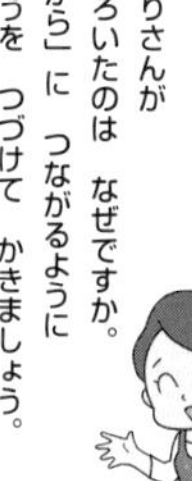

みどりさんが おどろいたのは なぜですか。「〜から」に つながるように りゆうを つづけて かきましょう。

テストの てんが よくなかったので しかられると おもっていたのに、

「つぎにがんばればいいのよ。」と、やさしくいってくれた

から。

心情理解 ●読む力

102 103

れんしゅう③

1 音楽会でわたしの歌をみんなが聞いてくれたときの気持ちです。今回も直接心情を表す言葉がありません。そこで、心情を表す動作を探すと「とびはねてしまいました」とあります。

2 みどりさんが驚いた理由を書きます。理由を書くときは、必ず語尾は「〜から」で終わるようにしましょう。
末尾に「みどりさんはびっくりしてしまいました」とあるので、その理由となる箇所を探すと、直前に「『つぎにがんばればいいのよ。』と、やさしくいってくれました」とあります。

ステップ10

10-2 気もちを よみとろう れんしゅう④

つぎの 文しょうを よんで、あとの もんだいに こたえましょう。

むかし、むかし、うらしま太郎と いう 男が うみの ちかくに すんでいました。

ある なつの ひる、太郎は さかなを つりに うみに いこうと しました。

「きょうは あついなあ。」

太郎は、日が てりつける みちを あるきながら、おもわず ①ためいきを ついてしまいました。そのときです。すなはまで 大きな カメを なんにんかの 子どもたちが かこんで いるのを 見ました。

「おねがいです。もう、やめてください。」

カメが ないています。②太郎は 大いそぎで 子どもたちの ほうに かけよりました。カメを たすけて やろうと おもったのです。

「おい、よさないか。」

子どもたちの せなかに、いきなり 大きな こえで さけびました。

「なんだよ、おまえ。」

子どもたちは ③びっくりしたように 太郎の かおを 見ました。

● おうちのかたへ ●
長い物語文を読むための基礎問題です。まずは、登場人物の気もちの理由を読み取る練習から始めましょう。

1 ―①で、太郎が ためいきを ついたのは、なぜですか。あてはまる きごうに ○を つけましょう。

ア さかなが つれなかったから。
㋑ あつくて たまらなかったから。
ウ きゅうな さかみちを あるいたから。

2 ―②で、太郎が 大いそぎで かけよったのは、なぜですか。あてはまる きごうに ○を つけましょう。

ア 子どもたちと いっしょに あそびたかったから。
イ めずらしい カメを 見たいと おもったから。
㋒ カメが かわいそうだったから。

3 ―③で、子どもたちが びっくりしたのは なぜですか。あてはまる きごうに ○を つけましょう。

ア 太郎が こわい かおを していたから。
イ 太郎が さかなを つっていたから。
㋒ 太郎が とつぜん こえを かけてきたから。

心情理解 ● 読む力

105 ● ● 104

れんしゅう④

いよいよ最後は物語文の登場です。実際の試験問題はこのような形で出題されます。

1 傍線部は心情を表す動作です。そこで、溜息をついた理由を問題文中から探すと、その前に「きょうはあついなあ」というセリフがあります。

2 太郎の心情を読み取ります。傍線直後に「カメをたすけてやろうとおもった」とあります。では、なぜ助けてやろうと思ったのかというと、その前に、「カメがないています」とあります。

そこから、ア「いっしょにあそびたかったから」、イ「カメを見たいとおもったから」は×だとわかります。もし、子どもがアかイを選んだなら、その根拠が問題文中のどこに書いてあるのかを聞いてみてください。

「登場人物の心情は問題文中の根拠から考える」

この鉄則を徹底させることです。

3 直前で「いきなり大きなこえでさけびました」とあります。背後からいきなり大声で叫ばれたら、誰でもびっくりします。

ア太郎がどのような顔で言ったのかは書いていないから、×。

イ太郎は魚を釣ってはいません。(文中には書かれていません)。

物語文は実はクリティカル・シンキングの第一歩でもあるのです。

クリティカル・シンキングは、一つの事象を様々な角度から、客観的に捉え直す能力です。

物語文を読むときは、子どもでもときには大人の視点で、男性でも女性の視点で、あるいは動物の視点で物語世界を捉えなければなりません。

しかも、自分の主観で解釈するのではなく、自分の主観をなるべく排除して、文中の根拠から客観的に登場人物の心情を把握します。

こうした練習がクリティカルな思考を育てていくのです。

ステップ 11

11…1 ものがたりを よんでみよう

れんしゅう①

つぎの 文しょうを よんで、あとの もんだいに こたえましょう。

ある あさの ことです。もう すぐ、森の学校の じゅぎょうが はじまろうと しているのに、ピッキーが まだ きていません。

「きっと、また ねぼうしたんだよ。」

フクちゃんが わらいながら いいました。

その とき、きょうしつの とびらが あいて ピッキーが 入ってきました。手に きいろい 小さな とりを もっていました。

「かわいい！ その とり どうしたの。」

みんなが ピッキーを かこんで ききました。

「みちを ひょこひょこ あるいていたんだ。まい子みたいだよ。」

「ピヨピヨ。」

小さな とりは こころぼそそうです。

「かわいそうに。リンゴ先生に おねがいして わたしたちで せわを しましょうよ。」

リンダが いうと、みんなは

「そうしよう！」と 手を あげました。

みんなの はなしを きいた リンゴ先生が

「ちゃんと せわを するのよ。」

というと、みんなは ①ばんざいを して とびあがりました。

「あんパンを たべたら 小とりも げん気に なるよ。」

ノンタの ことばに みんなは わらいました。

読解問題 ●読む力 ●思考力

ものがたりを よむ ときは いつ どこの はなしか、出てくる 人の はなしている ことばや うごきから どんな 気もちか かんがえながら よみましょう。

1 この おはなしは どこで おきた おはなしですか。

きょうしつ（森の学校でも可）

2 ピッキーが もっていたのは なにですか。

（きいろい小さな）とり

3 小さな とりは どんな ようすでしたか。文の 中の ことばで かきましょう。

こころぼそそう なようす。

4 ——①は どんな 気もちを あらわして いるでしょう。あてはまる きごうに ○を つけましょう。

ア 小とりの せわを しないと いけないので がっかりしている。

(イ) 小とりと いっしょに いられるので よろこんでいる。

ウ 小とりが 大きく なるのを たのしみにしている。

106　107

ステップ 11…1 ものがたりを よんでみよう

学習のねらい

中学入試、高校入試、大学入試と、すべての入学試験には小説が出題されることが多いのですが、そのために、まず物語文を客観的に読む練習をしていきます。

こうした問題は心情の理解が中心で、そのためにステップ10では気持ちを読み取る練習をくり返してきました。

物語文はどうしても無意識のうちに感情移入をしてしまい、主観的に読んでしまいがちなので、必ず文中から根拠を探して解くようにします。

誰が、いつ、どこで、何を、どうした、なぜなのか、などをしっかりと読み取ります。そして、そのときの登場人物の心情を客観的に把握していくのです。

れんしゅう①

1 「どこで」は、「学校のじゅぎょう」「きょうしつのとびらがあいて」とあるので、教室（学校）です。

2 「（ピッキーが）手に　きいろい　小さな　とりを　もっていました」とあります。

3 小さな鳥の心情は「とりは　こころぼそそうです」と書かれています。

4 「ばんざい」をするときは、どんな気持ちが考えましょう。**イ**と**ウ**で迷ったかもしれませんが、直前のリンゴ先生のセリフ「ちゃんと　せわを　するのよ」から判断します。

ステップ11　読解問題　●読む力　●思考力

11-1 ものがたりを よんでみよう　れんしゅう②

つぎの 文しょうを よんで、あとの もんだいに こたえましょう。

（まえの ページの つづきです。）

それから 小とりは「ピッピ」と 名づけられて 森の学校に すむ ことに なり、みんなは まい日 小とりの せわを しました。とくに 小とりを 見つけてきた ビッキーは ピッピを とても かわいがりました。

「この 小とりさん とべないのね。」

ミミちゃんは、じめんを ちょこちょこ あるく 小とりを 見て いいました。

そんな ある日、ピッピが いなくなりました。

「たいへんだ。また、まいごに なっちゃう。」

みんなの かおが 青くなりました。

②すると、リンゴ先生が

「だいじょうぶ。また かえってきます。まいごに ならない まほうを かけて おいたからね。」

と、いったので みんなは ほっとしました。

そして、一月が たったころ 白い 大きな とりが 森の学校に やってきました。

「③だれだろう？」

みんなが くびを かしげていると その とりは ビッキーを めがけて はしってきました。

「ピッピ！」

そうです。ピッピは ひよこだったのです。そして、にわとりに なって かえってきたのです。ビッキーは ④ピッピを ぎゅっと だきしめました。

1 ピッピを とても かわいがったのは だれですか。

ビッキー

2 ――②で、リンゴ先生が だいじょうぶと いったのは なぜですか。あてはまる きごうに ○を つけましょう。

ア 小とりは 白い 大きな とりに なるから。
イ まい子に なっても よそでも 生きていけるから。
(ウ) まい子に ならない まほうを かけたから。

3 ――③は どんな 気もちを あらわして いるでしょう。あてはまる きごうに ○を つけましょう。

(ア) ふしぎがっている。
イ おどろいている。
ウ よろこんでいる。

4 ――④で、ビッキーが ピッピを だきしめたのは なぜですか。あてはまる きごうに ○を つけましょう。

ア ピッピが もう にげないように するため。
(イ) ピッピが かえってきて うれしかったから。
ウ ピッピを じぶんだけの ものに したかったから。

108　109

れんしゅう②

前の文章の続きです。森の学校で飼われることになった小鳥の名前は「ピッピ」です。

1「とくに 小とりを 見つけてきた ビッキーは ピッピを とても かわいがりました」とあることから、答えは「ビッキー」。

2 ある日、ピッピがいなくなったことで、みんなの顔が「青く」なったのですが、このときの心情は「心配している」です。なぜリンゴ先生が「だいじょうぶ」と言ったのかは、自分の想像で答えるのではなく、その理由を文中から探すようにします。傍線部直後に「また かえってきます。まいごに ならない まほうを かけて おいたからね」とあることから、答えは**ウ**。

3 一か月後、白い大きな鳥が森の学校にやってきました。傍線部③の直前に「だれだろう？」とあることから、答えは**ア**「ふしぎがっている」。このように必ず文中の根拠を押さえるようにします。

4 傍線部④は、ビッキーの心情を読み取ります。ピッピを誰よりかわいがっていたのがビッキーであることを指摘できるようにします。そのピッピがいなくなったことで、心配していたのです。「ぎゅっと だきしめた」ときの気持ちは、**イ**「うれしかったから」です。**ウ**「じぶんだけの ものに したかったから」は、文中に根拠がありません。

11…2 せつめい文を よんでみよう

つぎの 文しょうを よんで、あとの もんだいに こたえましょう。

れんしゅう①

かみに えんぴつで かいた 字や えは、けしゴムで けす ことが できます。

それは なぜでしょう。

かみの 上で えんぴつを うごかすと、えんぴつの しんの 中に ある とても 小さな くろい つぶが かみに つきます。

えんぴつで かいた せんを けしゴムで こすると、けしゴムは この 小さな くろい つぶを ぴたっと くっつけて、はがす ことが できます。それで、せんが きえるのです。

では、いろえんぴつで かいた せんが けしゴムで けしにくいのは なぜでしょう。

いろえんぴつの しんの 中に ある つぶは かみの ひょうめんに つくだけで なく、かみに しみこんでしまいます。それで、けしゴムでは つぶを はがせないのです。

むかし、日本では ふでで 字を かいて いましたが、めいじに なって 学校で えんぴつと けしゴムを つかうように なったため、日本中に えんぴつと けしゴムが ひろまりました。

読解問題 ●読む力 ●思考力

せつめい文は いろいろな ものごとに ついて せつめいした 文しょうです。まず、なにに ついて かかれているのか よみとりましょう。

1 この 文しょうは なにに ついて かかれていますか。

えんぴつ と けしゴム

2 えんぴつで かくと くろい せんが みえるのは なぜですか。

しんの 中の 小さな くろい つぶが かみに つく から。

3 けしゴムで 字や えを けす ことが できるのは なぜですか。

くろい つぶ を ぴたっと くっつけて はがす ことが できるから。

4 えんぴつと けしゴムが 日本中に ひろがったのは いつですか。

めいじ

ステップ 11…2 せつめい文を よんでみよう

学習のねらい

説明文とは、筆者が筋道を立てて何かを説明する文章です。このとき、読み手は誰かわからない、不特定多数の他者なので、感覚は通用しません。そこで、筆者は筋道を立てて伝えようとするのです。その筋道が論理です。

子どもは自分勝手に解釈しようとしがちですので、学習の第一歩から、筆者の立てた筋道を追っていく練習が大切です。スタートを間違えてしまうと、その後ずっと苦労することになります。

もっとも、今の段階では、本文に書いてあることをしっかりと理解できたかどうかが大切で、それだけで十分です。

れんしゅう①

1 文章を読むとき、まず話題に着目させましょう。そういった目標なしに読み始めると、いつの間にか活字から眼が離れてしまいます。話題とは何について書いてあるかです。

冒頭「かみに えんぴつで かいた 字や えは けしゴムで けす ことが できます。」とあり、以下、「えんぴつ」と「かみ」について、記述が続きます。

「それは なぜでしょう」と、筆者が読者に問いかけます。これを問題提起といい、以降で筆者はその理由を説明することになるのです。

2 「えんぴつの しんの 中に ある とても ちいさな くろい つぶが かみに つきます」とあります。

3 消しゴムで字が消える理由を文章中から探します。

11-2 せつめい文を よんでみよう

つぎの 文しょうを よんで、あとの もんだいに こたえましょう。

れんしゅう②

おおくの 小学生が ランドセルに ぶんぼうぐや きょうかしょを 入れて 学校に かよっています。では、いつから ランドセルが つかわれるように なったのでしょうか。

　めいじと いう じだいに、あるいて 学校に かよう ことに なった ため、「はいのう」と よばれる リュックサックのような かばんを せおうように なりました。はいのうは オランダの ことばで 「ランセル」と いいます。そこから 「ランドセル」と よばれるように なり、小学生が もつ かばんとして しられるように なりました。

　では、ランドセルには どのような よい ところが あるのでしょう。まず、たくさん ものが 入る ことです。また、せ中に せおうので 手で もつより かるく かんじます。そして、りょう手が あくので ころんでも けがを しにくくなります。

　このように、ランドセルは 小学生が つかうのに とても よい かばんなのです。

1 この 文しょうは なにに ついて かかれていますか。

［ランドセル］

2 「はいのう」を せおうように なったのは なぜですか。

［あるいて（学校に）かようことに なったから］

3 ランドセルの もとに なった オランダの ことばは なにですか。

［ランセル］

4 ランドセルの よいところを 三つ かきましょう。

・［たくさん もの］が 入る。

・手で もつより ［かるく かんじる］。

・ころんだ ときに ［けがを しにくくなる］。

読解問題 ●読む力 ●思考力

「けしゴムは この 小さな くろい つぶを ぴたっと くっつけて、 はがす ことが できるのです」が該当箇所。

鉛筆…黒い粒が表面につく→消しゴムで消すことができる

色鉛筆…粒が紙にしみこむ→消しゴムで消しにくい

こうした対立関係を意識します。

4 「めいじになって学校でえんぴつとけしゴムをつかうようになった」とあります。

れんしゅう②

1 話題は「ランドセル」です。

2 その前に「あるいて学校にかようことになったため」とあり、これが理由です。

3 「はいのうは オランダの ことばで 「ランセル」といいます。そこから「ランドセル」と よばれるように なり」とあることから、答えは「ランセル」。

4 「では、ランドセルには どのような よい ところが あるのでしょうか」と問題提起。「では」は、話題を変えるときに用いる『論理語』です。そこで、次にランドセルのよい点を列記するのですが、設問には「三つ」とあります。そこで、「まず」「また」「そして」という『論理語』に着目しましょう。

本文末尾で「このように、ランドセルは、小学生が つかうのに とても よい かばんなのです」とまとめています。

「まず、たくさんの ものが 入る ことです」「また、せ中に せおうので 手で もつより かるく かんじます」「そして、りょう手が あくので ころんでも けがを しにくくなります」が該当箇所。

★鉛筆、消しゴム、ランドセルと、子どもたちにとって身近な物に関心を持つようになることが、考えることの第一歩です。とくに「なぜ」を考えるようにしましょう。

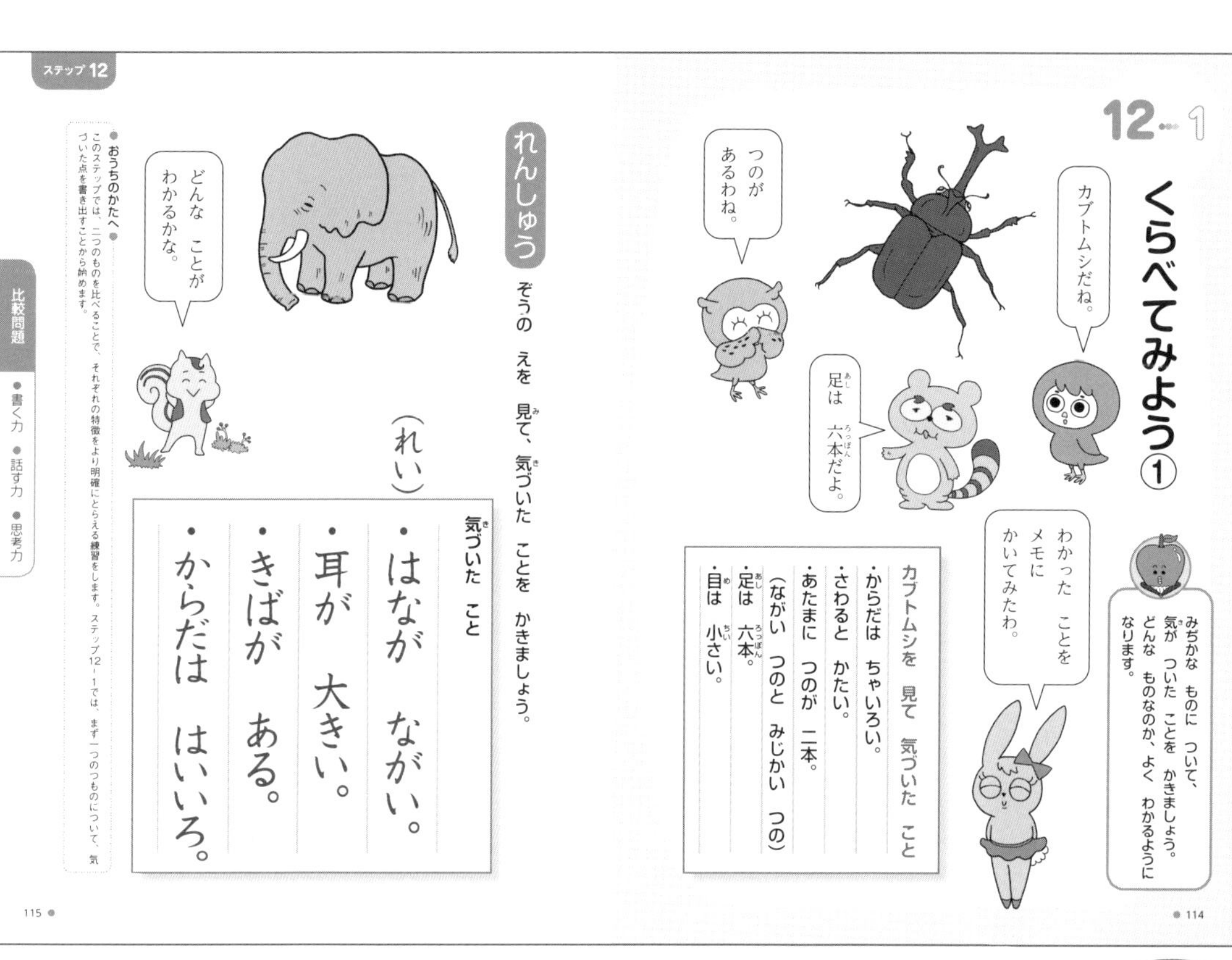
ステップ12

12…1

くらべてみよう①

みぢかな ものに ついて、気が ついた ことを かきましょう。どんな ものなのか、よく わかるように なります。

カブトムシを 見て 気づいた こと
・からだは ちゃいろい。
・さわると かたい。
・あたまに つのが 二本。
（ながい つのと みじかい つの）
・足は 六本。
・目は 小さい。

れんしゅう ぞうの えを 見て、気づいた ことを かきましょう。

（れい）
気づいた こと
・はなが ながい。
・耳が 大きい。
・きばが ある。
・からだは はいいろ。

●おうちのかたへ
このステップでは、二つのものを比べることで、それぞれの特徴をより明確にとらえる練習をします。ステップ12－1では、まず一つのものについて、気づいた点を書き出すことから始めます。

比較問題 ●書く力 ●話す力 ●思考力

114 115

ステップ12…1 くらべてみよう①

学習のねらい

論理の基本は、「イコールの関係（具体と抽象）」「対立関係」「因果関係」です。すでに「イコールの関係」「対立関係」は小学一年生レベルでの理解ができるように学習してきました。

ここからは「対立関係」です。その中心となるものが「対比」です。

そのためには、まず与えられた対象を注意深く観察することが前提となります。そのとき、大切なことは客観性です。学年が上がると、「事実と意見」といった学習テーマが登場しますが、そこでは「どう思うか」ではなく、「事実はどうか」「文章中にどう書いてあるのか」を答えることが重要になります。

まだこの区別は難しいかもしれませんが、あせらずに取り組んでいくことが必要です。まずは、観察をして物の特徴をつかみ、正確な言葉で表す練習から始めましょう。

れんしゅう

「えを 見て きづいた こと」を答えます。たとえば、「好き」「嫌い」「怖い」「かわいい」などは、「気づいたこと」ではなく、感想です。「どういうものなのか」と「どう思うか」の区別が大切です。

「重い」と答える子どもがいるかもしれません。確かに「重い」は事実ですが、この絵から読み取れる情報ではありません。

ステップ12

12…2

くらべてみよう②

りんごと　レモンを　くらべてみましょう。

どちらも　くだものの　なかまね。
かたちは　にているけど、いろは　ちがうよ。
どうやって　たべるかな。

二つの　ものを　くらべると、おなじ　ところや　ちがう　ところが　見つかります。

〈気づいたこと〉

りんご
・いろは　赤いろ。
・かたちは　まるい。
・じくが　ついている。
・たねを　とって　たべる。
・あまい。

レモン
・いろは　きいろ。
・まるいが、先が　とがっている。
・きって　しるを　しぼって　のみものや　りょうりに　つかう。
・すっぱい。

116

わかった　ことを　ひょうに　まとめましょう。

	りんご	レモン
いろ	赤いろ	きいろ
かたち	まるい	まるくて、先が　とがっている。
たべかた	たねを　とって　そのまま　たべる。	しぼって、のみものに　入れる。　りょうりに　かける。
あじ	あまい	すっぱい

ひょうに　まとめるには、どのように　するとよいですか？
くらべる　ことを　きめて、ひょうに　すると　わかりやすいわね。
「いろ」「かたち」「たべかた」「あじ」を　くらべているよ。

●おうちのかたへ●
二つのものを比較する際、表にまとめると、考えたことが整理しやすくなります。このとき、視点（何を比べるか）を先に決めておくと、相違点や共通点を見出しやすくなります。理科や社会科の学習でも大切になる力なので、基本を身につけておきましょう。

比較問題　●書く力　●話す力　●思考力

117

ステップ 12…2 くらべてみよう②

学習のねらい

物事を単独で見ると気がつかないことでも、何かと比べることによって、その特色が明らかになることがあります。たとえば、西洋と比べることで日本が、過去と比べることで現代の特徴が明確になるというようなことです。物事を注意深く観察したなら、次に何かと比べてみます。そのとき、共通点と相違点に着目させましょう。

ここではりんごとレモンとを比較します。共通点と相違点を見つけてください。次にそれを表にすると、情報がすっきりと整理され、把握しやすくなります。こうした作業は、後に入試で頻出の資料問題などに対応できる力を養います。

12…2 くらべてみよう②

れんしゅう① スプーンと　フォークを　くらべます。つぎの　ひょうに　気づいた　ことを　かきましょう。

（れい）

	スプーン	フォーク
なにを する ものか	ものを たべる ときに つかう。	ものを たべる ときに つかう。
先の かたち	まるい	とがって いる（4本に わかれている）
つかいかた	ものを すくう	ものを つきさす

れんしゅう② バスと　トラックを　くらべます。つぎの　ひょうに　気づいた　ことを　かきましょう。

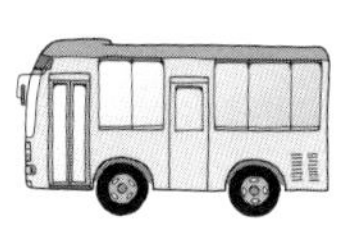

（れい）

	バス	トラック
なにの なかまか	くるま	くるま
のれる 人の かず	おおい	すくない
なにを する ための ものか	人（おきゃくさん）を のせる。（はこぶ）	にもつを はこぶ。

比較問題　●書く力　●話す力　●思考力

ステップ 12…2 くらべてみよう②

れんしゅう①

フォークとスプーンを比べます。「スプーンは何をするときに使う？」と問いかけてください。「食べるとき」と答えられたら、次はフォークについて同じ問いかけをしてください。そのようにして、共通点に気づけるようになりましょう。（できるようになったら、「同じところは何？」と問いかけを変えてみましょう。）

次に相違点ですが、お子さんが思いつかなければ、「どうやって使う？」「食べるときにどうする？」と、ヒントになるような問いかけをすることが有効です。

れんしゅう②

バスとトラックですが、共通点は「車」です。

車って、何をするもの？

バスには乗ったことがある？　トラックには乗ったことがある？

トラックを見たことがある？

など、色々と問いかけてください。外出時に、バスやトラックを見かけたなら、その利用法や特徴をつかむようにすることも大切です。

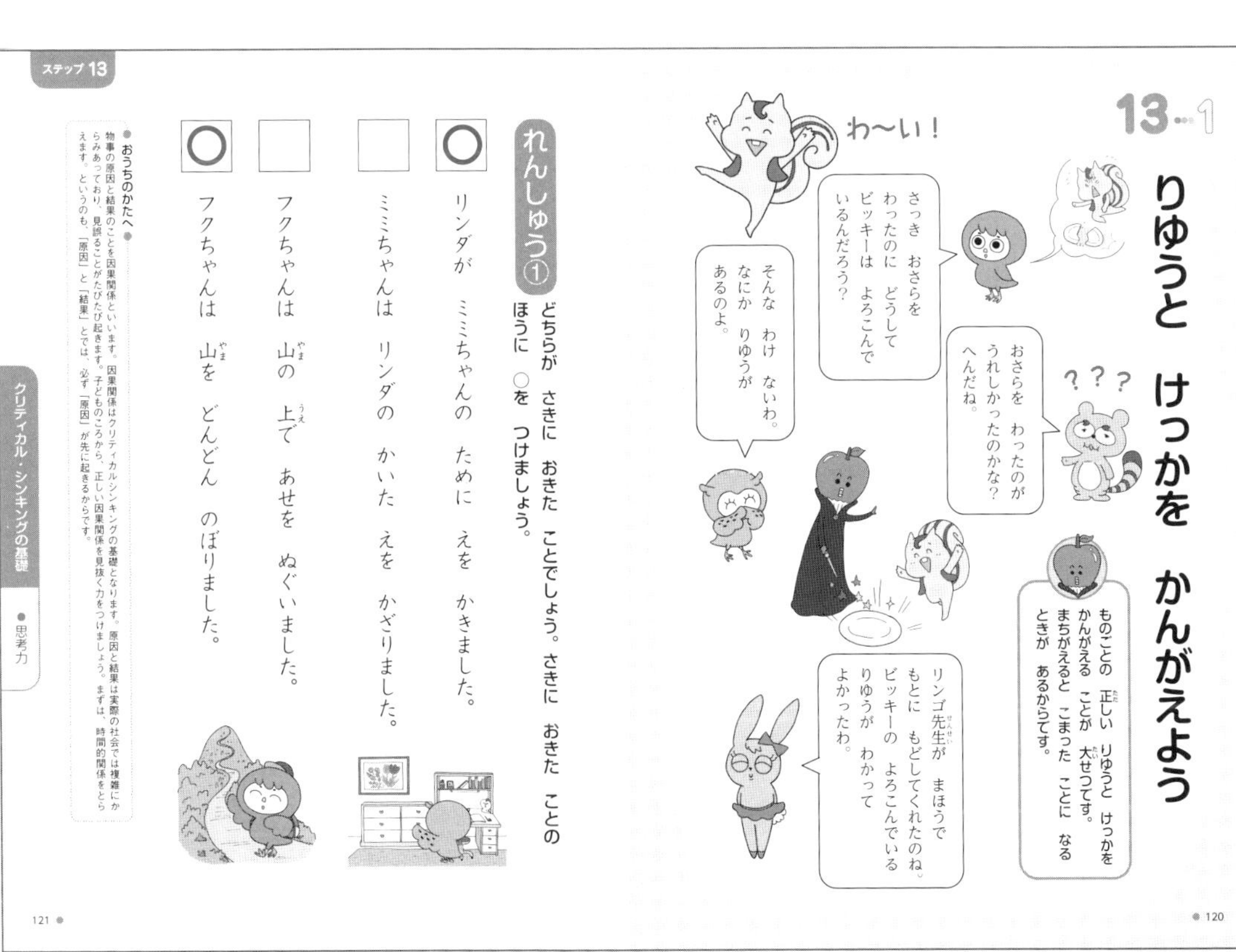

ステップ 13…1 りゆうと　けっかを　かんがえよう

学習のねらい

クリティカルシンキングは批判的思考と訳されることが多いのですが、一般にイメージされるような否定的なものではありません。私たちは主観や固定観念にとらわれがちですが、そこから自由になり、様々な角度から物事を捉える思考法なのです。そして、この力はネット社会といわれる現代には不可欠なものです。メディアリテラシーを獲得するためにも、今のうちから、こうした思考法に慣れていきましょう。

物事には必ず理由があり、それを明確にしたり、考えたりすることはとても大切なことです。英語でも主張に対して必ず理由を加えます。また、国語においても理由を問う問題が多いのです。

まずは因果関係の時間的な順番を考える練習をしましょう。

・雨が降った（原因）→傘をさした（結果）

のように、原因が先で、結果がその後にきます。

れんしゅう①

●後文は「えを　かざりました」とありますが、そもそも絵を描かないとそれを飾ることはできません。「えを　かきました」が先で、「えを　かざりました」が結果です。

●前文の「あせを　ぬぐいました」の理由は、汗をかいたからです。では、なぜ汗をかいたのかというと、後文の「山を　どんどん　のぼりました」です。時間的順序は、「山を　どんどん　のぼりました」→「山の　上で　あせを　ぬぐいました」となります。

ステップ 13

13-1 りゆうと けっかを かんがえよう

れんしゅう② どちらが りゆうですか。りゆうの ほうに ○を つけましょう。

□ なつに 大きな ヒマワリの 花が さきました。

◯ リンダは ヒマワリの めが 出てから まい日 水を やっていました。

◯ ビッキーは 木に カブトムシの すきな みつを ぬりました。

□ ビッキーは カブトムシを つかまえる ことが できました。

れんしゅう③ 「?」で なにが おきたと かんがえられますか。かんがえられる ものに ○を つけましょう。(○は 一つと かぎりません。)

? ↓ たのしそうに バスで でかけているね。

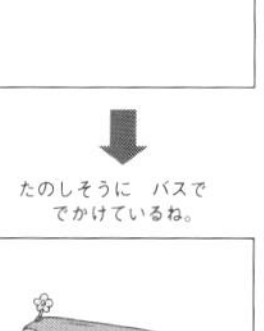

① ちかくて 火山が ふんかした。
②(○) あたらしい どうぶつえんが できた。
③ リンダの ぐあいが わるくなった。

? ↓ クリスマスツリーが たおれちゃった。

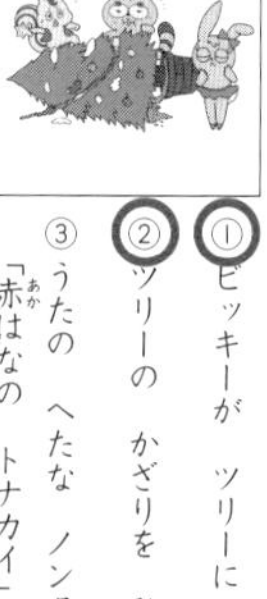

①(○) ビッキーが ツリーに ぶつかった。
②(○) ツリーの かざりを ひっぱった。
③ うたの へたな ノンタが 「赤はなの トナカイ」を うたった。

●おうちのかたへ● ここでは、原因を考える練習をします。まずは、「原因」と「結果」のどちらであるのか判断します。次に、起きたことに対する正しい理由を考えます。原因を考えることで次への対策につながります。また、科学分野においても「原因」を考える能力が必要とされるので、今から練習をしておきましょう。

クリティカル・シンキングの基礎 ●思考力

れんしゅう②

理由は結果よりも、時間的な順序が先になります。

●前文の、ヒマワリの花が咲いたのは、後文の、リンダが毎日水をやっていたからです。もし、水をやらなかったなら、花は咲かなかったかもしれません。ヒマワリに毎日水をやる(理由)→ヒマワリの花が咲いた、となります。

●後文の、カブトムシをつかまえることができた理由が、前文の「みつを　ぬりました」です。「カブトムシの　すきな」とあることにも注意してください。カブトムシはみつが好き→木にみつをぬる(理由)→カブトムシがそこに集まってくる→カブトムシをつかまえることができた(結果)となります。

れんしゅう③

理由(原因)を考える練習です。結果からその理由を考えることで、思考力を鍛えることができます。

●バスで出かけることから、遠くに行くことがわかります。さらに、「たのしそうに」とあることから、②「あたらしい　どうぶつえんが　できた」が、その理由だとわかります。

①「火山が　ふんかした」なら危ないので、「たのしそうに」はあてはまりません。

③「ぐあいが　わるくなった」なら、その結果が「たのしそうに」とはなりません。

●「○は　一つと　かぎりません」という条件に注意。与えられた条件を丁寧に読み取ることも大切です。

①「ぶつかった」→「クリスマスツリーが　たおれちゃった」と、因果関係が成り立つから、正解です。

②「かざりを　ひっぱった」→「クリスマスツリーが　たおれちゃった」も、因果関係が成り立つので正解です。

13-1

りゆうと　けっかを　かんがえよう

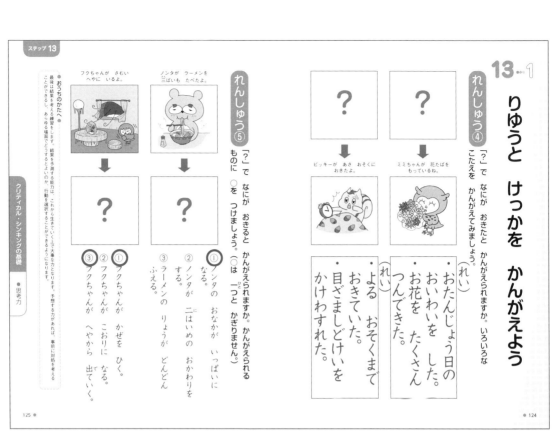

れんしゅう④

「?」で　なにが　おきたと　かんがえられますか。いろいろな　こたえを　かんがえてみましょう。

（れい）
・おたんじょう日の　おいわいを　した。
・お花を　たくさん　つんできた。

（れい）
・よる　おそくまで　おきていた。
・目ざましどけいを　かけわすれた。

● 124

ステップ13

れんしゅう⑤

「?」で　なにが　おきると　かんがえられますか。かんがえられる　ものに　○を　つけましょう。（○は　一つと　かぎりません。）

ノンタが　ラーメンを　三ばいも　たべたよ。

① ノンタの　おなかが　いっぱいに　なる。
② ノンタが　二はいめの　おかわりを　する。
③ ラーメンの　りょうが　どんどん　ふえる。

フクちゃんが　さむい　へやに　いるよ。

① フクちゃんが　かぜを　ひく。
② フクちゃんが　こおりに　なる。
③ フクちゃんが　へやから　出ていく。

●おうちのかたへ●
最後は結果を考える練習をします。結果を予測する能力は、これから生きていく上で大事な力となります。予想する力があれば、事前に対処を考えることができるし、あらゆる場面でどうするとよいのか、行動を選択することができるようになります。

クリティカル・シンキングの基礎　●思考力

125 ●

れんしゅう④

「いろいろな　こたえを　かんがえてみましょう」とあることに注意。答えが一つでない問題は、今後も出題が増えていく傾向にあります。因果関係が成り立つならば、すべて正解です。

●ミミちゃんがなぜ花束をもっているのか、その理由を推測させます。自分が花をつんだのか、誰かにプレゼントするのか、部屋に飾りたいのか、色々と考えることができます。

●ビッキーがなぜ朝遅く起きたのか。「学校がお休みだから」「病気だから」は、理由として考えられなくはありませんが、目覚まし時計を見てびっくりしている様子からは不適切です。「時計のベルが壊れていた」など、いろいろな理由を考えてみましょう。

れんしゅう⑤

理由に対して、その結果を推測する問題です。今回も答えは一つとは限りません。

●ラーメンを三杯も食べた（理由）ことから考えます。

①ラーメンを三杯も食べた（理由）なら、その結果は「おなかが　いっぱいに　なる」なので、○。
②三杯目を食べたのに、二杯目のおかわりは矛盾しているので、×。
③三杯も食べたことと、「りょうが　どんどん　ふえる」との間には、因果関係が成り立ちません。

●「さむい　へやに　いるよ」が理由で、その結果どうなるかを推測します。

①風邪を引いた原因が、寒い部屋にいたからなので、因果関係が成り立ちます。
②寒い部屋にいたからといって、氷になることはありません。
③部屋を出て行った理由が、部屋が寒かったからなので、因果関係が成り立ちます。

13…2

あいだの 文を かんがえよう

れんしゅう

まん中の「？」で、なにが おきたと かんがえられますか。
いろいろな こたえを かんがえてみましょう。

1

えんそくの ようい を して 学校に いったよ

？

あわてて 学校を とび出したね

（れい）・あ、おべんとうをわすれた！
・えんそくにいくのはあしただった！

2

あわてて トイレに とびこんでいくね

？

トイレから とび出してきたよ

（れい）・人がいっぱいだ！
・トイレットペーパーがないよ！

● おうちのかたへ ●

三枚目の絵を見て理由を考える問題ですが、一枚目に前提条件があり、それと矛盾しない答えを考える必要があるので難易度の高い問題です。正解は一つとは限りません。どんな理由が考えられるか、一緒に話しながら考えるのもよいでしょう。

ステップ13　クリティカル・シンキングの基礎　●思考力

126　127

ステップ 13…2

あいだの 文を かんがえよう

れんしゅう

1 1コマ目では、フクちゃんが遠足の用意をして学校に行こうとうれしそうにしています。

しかし、3コマ目では、あわてて戻ろうとしています。

ということは、2コマ目では、戻らなければならなくなった何かに気づいたということです。その理由となるものなら、すべて○です。

・忘れ物をした。
・集合場所をまちがえた。
・遠足は明日だった。
・避難警報が鳴り響いた。　などが考えられます。

2 1コマ目では、フクちゃんがトイレに駆け込もうとしています。標識から男子トイレであること、また、フクちゃんの様子から、用を足したいということもわかります。

しかし、3コマ目では、フクちゃんがトイレから駆け出してきます。フクちゃんの表情から、苦しそうだということがわかります。つまり、用を足すことができなかったのです。2コマ目では、

・いっぱいだった。
・トイレットペーパーがなかった。
・使用禁止になっていた。
・こんな汚いトイレで用を足したくない。
・ここは教職員用トイレだった。
・掃除中で使えない。　などが考えられます。